一田憲子

もっと早く言ってよ。

50代の私から
20代の私に伝えたいこと

文庫版はじめに

この本を出した時、50代だった私は今、60代になりました。せっかく文庫化されたのに……ですが、実は最近「もっと早く言ってよ！」とはだんだん思わなくなってきたのです。

50代の私が「そうか、そういうことだったのか〜」とはたとわかったことを、20代だった頃の私に語りかける形で綴ったこの本。「もっと早く言ってよ！」という言葉には、一抹の悔しさが含まれていました。もっと早くこのことを知っていたら、私は悩まず、ラクしてゴールに辿《たど》り着けたかもしれないのにって。でも、60代になると、その「悔しさ」がスコンと抜けてしまったのでした。

そして、「どうして私はすぐ落ち込んじゃうんだろう？」とか「どうして、あの人のことが気になっちゃうんだろう？」とか「どうしたら幸せになれるんだろう？」と、未来へ続く道が見えなくて、とまどい、不安に苛《さいな》まれ、泣きべそをかいていた20代の私って、なんて愛おしいんだろうと、そのピュアさを今度はうらやましく思うようになったのでした。

人には、「その歳」でしか感じられないことがあります。20代でしか心震えないこともあるし、60代でしか気づかないことがある……。だったら、私たちができることは、自分の年齢をしっかりと抱きしめることだけなのかも。

だから、今は20代の私にこう言ってあげたい。怖くて、心配で、わからないことだらけかもしれないけれど、今しか見えない風景があるよ。その歳を通り過ぎたら、その風景はもう雲の向こうに霞《かす》んでいってしまうよ。だからしっかり味わって見ておいてって。

それでも、悩んでいる時は苦しいものです。だからこそ、歳を重ね「なるほど〜」とわかったプロセスを、ほんの少しでもお裾分けしたい。この本を読んでちょっとでもほっとしていただける方がいらしたら、嬉しく思います。

2025年2月

はじめに

50歳を過ぎた頃から、「そうか！　そういうことだったのか〜！」と、はたと「わかる」ようになってきました。それはたとえば、ずっと「怖がりな自分をなんとか脱出したい」と思ってきたのに、実は「不安」が前へ進む大きなパワーだったということだったり、「いかに効率よく正しい道を探すか」に必死だったのに、「失敗」の中にこそ学びがあるということだったり……。さらには、今までなんとなく当たり前だと思っていた「結婚」って何？「幸せ」って何？　「人のために」って何？ということだったり。

そして、「は〜、そうだったんだ〜！」と知るたびに、「もっと早く言ってよ～」と言いたくなるのです。あんなに悩んだり、迷ったり、オロオロしていた20代の頃に、このことを知っていたら、もっとラクな気持ちで生きてこられたのになあって。

でも「はたとわかる」のは、天から降ってくるように、突然その瞬間が訪れるわけではありません。最初は遠くにぼんやりその影が見えてきて、だんだん近づくにつれてカメラのピントが合うようにフォーカスされて、ある日、輪郭がくっきりシャッキリ見えてくる……という感じ。それは、あの経験や、この人との出会いや、その本で知ったことなどが混ざり合い、自分の中の回路がすべてつながって、「そうか～！」とわかるということ。つまり、「わかる」には、それだけの時間が必要だったということ。

私は、そんな「何かがわかる」プロセスが大好きです。若い頃は、「いったい何が正しいのだろう?」「いったい私はどちらへ向かって進めばいいのだろう?」と、あまりにもわからなくて途方に暮れ、早くその混沌とした世界から抜け出したいと思ったけれど、今なら言えます。わからないからこそ、「わかる」ことにワクワクするんだって。20代の「わからないことだらけ」だった自分がいたからこそ、「そうか!」と膝を叩く、50代の今の私の喜びがあるのだなあと思います。

世の中には、先人が残してくれた「真実」や誰かが見つけた「発見」が溢《あふ》れています。でもそれと、「自分でわかったこと」は別もの。生きていくということは、そうやって自分の外側にあるものを内側に取り入れて「わかっていく」道のりなのだと思います。そして、一度発見した「真実」を少しずつ更新していきます。つまり、若い頃にあんなに避けていた「失敗」を、歳を経てからは「発見の場」にひっくり返すように、私たちは暮らしながら、身の回りにあることを、何度も定義し直すことができる……。

この本では、50代の今の私が「わかった」ことを、20代だった私に語りかける形で綴ってみました。私と同世代の方には「そうそう！」と共感していただけるかもしれません。20代、30代のまだ惑いの中にいる方には、不安や悩みを少し和らげるちょっとしたヒントになるかもしれません。「もっと早く言ってよ〜」という私のつぶやきを、クスリと笑いながら読んでいただければ幸いです。

2022年5月

もくじ

part 2 自分らしさってなんだろう？

part 3
日々の暮らしで学びとるもの

part 4 人とのかかわりでわかること

part 5 ココロとカラダはやっぱり基本

part 1

くよくよするのも
いいものだ

no.1

［20代の私］

すごくハッピーなはずなのに

「これがこのまま続くはずがない」と思ってしまう。

恐れ、違い、不安。

一見ネガティブなものの中にこそ、

新しい扉があるのかも！

あなたは最高にいいことがあった日、ふと「これがこのまま続くはずがない」って怖くなったりしませんか？　日常の中には、あちこちに「小さな恐れ」があるよね。自分とはちょっと意見が違う人と会うのはなんだか気が重いし、どれだけ一生懸命準備したとしても、失敗することを考えると眠れなくなる……。そして、どうしたら恐怖を避けられるかと考えるし、怖さを味わうことなく平穏に過ごせますようにと祈るもの。でも最近、その方向で本当にいいのかな？と考えるようになりました。

行く先に「恐れ」というものの影が見えてきたら、横にある細い道を探す。そして、無事に回り道ができたら「あ〜、よかった」と胸をなで下ろす。それはそれで無駄に傷つかず、涙を流すこともなく、ハッピーでいいのかもしれません。でも……。ここ最近出会った人がみんな「恐れ」の中には秘密の扉があるって口をそろえて教えてくれたんだよね。いったい、これってどういうことなんだろう？

インタビューをさせていただいた中尾ミエさんは、「可愛いベイビー」で歌手デビューするやいなや大ヒットという、ラッキーなスタートを切った方です。私は思わず「最初に最高を経験したら、その後〝落ちる〟ことが怖くなかったですか？」と聞いてみました。すると、こんなふうに教えてくださったんです。「谷があるから山がある。山頂にいるのなんて、ほんの一瞬ですよ。下りてこないと次の山には登れない。だから谷にいる時を楽しめばいいんじゃない？　そうすれば、また違う山に登れますよ」って。なるほど～！　谷に落ちることは最悪……って思い込んでいたけれど、谷でしか見えない風景があるのかもしれないねえ。

人とのコミュニケーションについて取材をさせていただいたワインバー「ローゼンタール」店主の島田由美子さんに、「人に違うって言うのは、怖くありませんか？」と聞いてみたら……。「人って違うのが当たり前なんじゃないんですか？」と逆に問い返されてびっくり！　「私は、『同じだ』っていう状況の方が怖くて『ほんとに同じ？』って疑いたくなるんです。『違う』ってわかったら、『どう違うんだろう？』と知りたくなる。それがコミュニケーションじゃないかなあ」って。そうか！と膝を打ちました。私は、人と意見が食い違うことが大嫌いで、できれば「そうだよね～」って丸く収まる関係でいたいって思っていました。でも、そんな関係の中からは、新しいものは何も生まれない……。

違い、対立、恐怖、不安。今までネガティブだと思い込んでいたことは、実はちっとも悪いことじゃなく、むしろその中に次に進むためのパワーや希望や、気づきや夢が含まれているのかも。曹洞宗の僧侶、藤田一照さんは「一切合切に対する悩みは、否認から生まれる」と著書で書いていらっしゃいます。つまり人は、現実を現実と受け止めたくないから否認してしまう。それは、「自分の都合に合わない事実は、自己防衛のために認めようとしない」ということ。その否認をくるりとひっくり返し、「受容」してみたら、「新しい体験を内に取り入れる」ことができるようになるのだとか。

こんなふうに、ここ最近のいろんな人との出会いがピタッと重なって、もしかして「怖い！」って感じた時がチャンスなのかも！と思うようになったんだよね。山を登りつめた後に下りた谷だから、自分を見つめ直し、人の意見に耳を傾け、何かを学ぶ姿勢になれる。自分とは思考回路がまったく違う人だから、思いもしなかった視点を教えてくれる。「恐れ」の中には、意外や「見たこともない花の種」が落ちているのかも。だからね、必要以上に怖がるのは、そろそろ卒業しようと思っています。「わあ、怖そ〜！」って感じたら、「何かいいことあるかも」とワクワクしてみたいと思っています。

no.2

［20代の私］
「ちょっと違うんじゃないかなあ」と思っても言えないし、
「違う」って言われたら落ち込む。

「違う」って、自分の中にはない
新しい何かを知る
スタート地点だよ。

友人たちと話をしていて、「それはちょっと違うんじゃないかなあ」と思っても、言い出せないことって多いよね。「あの人の言葉を否定するのは悪い」「『違う』って言って、気まずくなるのがイヤ」。そう思っているのでしょう？

それは、あなた自身が「それはちょっと違う」と言われるたびに傷ついてきたからだよね？　私もずっとそうでした。「違う」と言われると、自分の存在を全否定されたような気分になって、「あの人私のこと、キライなのかな？」と落ち込んだものです。でもね、「違う」のは、「私」ではなく「私が言った意見」なんだよ。つまり「違う」のは、自分の一部だけ。そのことを理解してから、私はやっと「違う」を受け入れられるようになりました。

もちろん言われればモヤモヤします。そんな時には、ふ〜っと深呼吸して一度自分を離れてみます。幽体離脱をして、空から自分を見下ろしているようなイメージ。そうして、「自分の意見」「違うと言われたポイント」「あの人の意見」と、今目の前にあることを分解してみるんだよね。すると、「あぁ、そうか、私のこの意見のこの方向性を変えてみたら、あの人と同じになるじゃん！」とか「確かに私の意見は、あそこにこだわりすぎていたなあ」とか、あるいは「違うって言われても、やっぱり私はこう考える」とか、いろんなことがクリアに見えてきます。

この時、いちばんの邪魔になるのが「感情」というシロモノ。「せっかく私が考えたのに」「これだけ頑張ってきたのに」など、感情に引っ張られると、冷静な判断ができません。でもね、やっかいなのが「感情」と「事実」の見分けがなかなかつかないってことなんだよ。「これが事実だ！」と思い込んでいたことが、「私はこの世界観が好きなんだから！」という感情だったりする……。だから、今目の前にあることは、事実？　それとも感情？と、自分で自分にツッコミを入れてみればいいかもしれないね。

少しずつこの方法に慣れてくるとね、「違う」というひと言をもらった後に、自分の中にどんな変化が起こるか、逆に楽しみになってきてびっくりします。「違う」と言われるのは、自分の中にまったく存在しなかった新しいことに気づくチャンスっていうわけ。「ほ〜、だったら？」と、そこから思考を深めるプロセスを楽しめるようになるといいよね〜。

「違う」を受け入れることができるようになると、自然に人にも「違う」って言うことができるようになるなあと感じています。それは、「相手を否定しているわけじゃない」と、ちゃんと自分でわかっているから。そこから豊かな世界が広がっていくと知っているから。

私は50歳を過ぎてから、やっと「多様性」ということが、どれほど魅力的なことなのかがわかってきました。人はひとりひとり違うからこそ、私ができないことをあの人がやってくれて、あの人が知らないことを、私が教えてあげることができる……。つまり「同じ」だといつまでも「今」のままだけれど、「違う」をスタートにして、「今」を変換させていくことができるってこと。

自分ひとりで知ること、体験することなんてほんのわずかだよね。自分とは違う人の経験を聞き、意見に耳を傾け、新たな価値を知る。そうすれば、ひとりでは開けなかった扉があっちこっちパタパタと開く！　これってすごいことだと思わない？　そして、その扉を開ける始まりが「違う」っていう摩擦なんだよ、きっと。違いを見つけたら、「よ〜し！」と目をキラキラさせられるといいですね。

no.3

［20代の私］
失敗したらどうしよう、ものごとを
悪い方へ悪い方へと考えてしまう。

「今」を楽しむことを
サボっちゃダメ！

「よし、これで大丈夫！」と自分を信じることって、難しいよね〜。まったく同じことを「絶対にうまくいくはず」と信じられる人と、「失敗したらどうしよう？」と心配する人がいるのはなぜなんでしょう？

私はフィギュアスケートやテニス、卓球など、個人競技のスポーツ観戦が大好きです。リンクやコートに立つ前の選手たちの震えるような緊張が伝わってきて、気がつけばテレビの前で手を握り合わせて、固唾《かたず》を呑んで見守ります。転べば「ひゃ〜！」と悲鳴を上げ、ジャンプが決まると拍手喝采！

でも、いつも思うんだよね。おそらく出場している全員が血の滲《にじ》むような努力をし、「これ以上は無理」というところまで練習をしているはずなのに、見事にジャンプを決められる人と、転んでしまう人がいるのはどうしてなんだろうって……。

そして、そんな試合を見るたびに、学生時代の自分のことを思い出します。中学、高校、大学と軟式テニス部に所属し、夏は「サーファーですか？」と聞かれるほど真っ黒でした。練習の時は抜群にうまいのに、試合になった途端、ビビリンボ虫が出現し、恐る恐る打ち返すからレシーブは失敗し、ネット前のボレーは出るのが一歩遅れ……。「失敗したらどうしよう」「負けたらどうしよう」とばかり考えて、実力をまったく出せずに負けてトボトボ帰る、という日々だったなあ。今なら、あの頃の私に言ってあげたい。「負けたっていいじゃない！」「思い切りやるだけで上等じゃない！」って。

私は若い頃から、ものごとを悪い方へ悪い方へと考えるペシミストだったんだよねえ。好きなことを仕事にできて幸せなはずなのに、50歳を過ぎた今もなお、「これがずっと続くはずはない」とか「歳をとって仕事がなくなったらどうしよう？」と起こってもいないことをあれこれ心配してしまいます。

でも、心のどこかではわかっているのかもしれません。ものごとを悪い方向へ考えるのは、未来の自分が傷つかないために自分が作った予防線だって。「よっしゃ〜！」と喜んでいる時に、うまくいかないことが発覚すると、その落差によってショックが倍増するでしょう？　だから最初から「うまくいかないかも」と自分に言い聞かせ、「もしも」の場合の傷を浅くしようとしているんじゃないかなあ。

最近になってやっと「それって、もったいないんじゃない？」と考えられるようになりました。せっかく手元に１００の「嬉しいこと」があるのに、あえて自分を抑えて70しか喜ばないようブレーキをかける。だったら30の「嬉しいこと」は、なかったことになるよね。人生の残り時間の方が少なくなった今、１００あったら１００を丸ごと味わわないと、人生全体でのハッピー時間の合計量が減ってしまうと気づきました。だったら、たった１個だけでも嬉しいことがあったら、その１個を思いっきり楽しんじゃう方がずっといい。

自分の「思い癖」を直すのは、なかなか難しいもの。今でもハッと気づくとマイナスのスイッチが入っていることがあります。なんとかそれを直したいと思ってきたけれど、今はそこも無理しない方がいいと思うんだよね。つい悪い方へ悪い方へと考えてしまうなら、それでもいい。それに乗っ取られないように、楽しいことを今まで以上にワクワク楽しめばいいって。悩みや不安はあったとしても、できればからりとした気分で生きたいなあと思っています。そして人は歳を重ねると、きっとこの「からり」を手にできるようになる気がしてきました。どんな人も幾度か失敗を繰り返すうちに、「失敗したってどうにかなる」ことを学ぶものだから。

未来の心配ばかりしている状態は、心が「今」にないってことなんだよね。原稿に追われている時には、「早く終わってゆっくりしたいなあ」と考える。掃除をしている時には「今日のご飯は何にしようかなあ」と頭を巡らす。カフェでおいしいケーキを食べている時でさえ「早く帰って、あれをやらなくちゃ」と頭の隅で考えている。頭も心もつい「今」から逃げ出して、どこかへ遊びに行っちゃうんだよね。

以前、お笑いタレントで、占いでも人気のあるゲッターズ飯田さんが「どんな時でも『楽しむこと』をサボらない人に運は味方する」と書いていらして、なるほど～！と思いました。せっかく目の前に楽しいことがあるんだから、ちゃんと見て、触れて、味わいたい！　今はそう思っています。

これって、「幸せ」の手に入れ方と似ているよね。仕事がうまくいったら、収入がこれぐらいになったら、こんな家に住めたら、幸せになれる……。もしそれが真実だったとしたら、私たちはずっと幸せを追いかけ続けなくてはいけないんだよね。

でもふと縁側を見たら、差し込む朝日がポカポカ気持ちいい……。あれ？これでもう十分なんじゃない？と思ったんだよ。だから、私はこれから、今ここにあることと、ちゃんと向き合う練習を少しずつ始めるつもり。あっちにはうまくいかないこともあるけれど、こっちにはこんな嬉しいことがある！　だったら私はシアワセじゃん！　そんな明るいハッピーなおばあちゃんになることが、今の目標です。

no.4

［20代の私］
小さなことをくよくよ考える。
そんな「気にしい」を卒業したい。

人には、弱っている時にしか見られない風景があるよ。

一見しっかり者に見えるのに、傷つきやすくて、すぐにメソメソする。そんな自分の「弱さ」を、どうしたら変えられるのだろう？　もっと心が強い人になりたい。人の評価に振り回されないで生きていきたい。そう思いませんか？

でもね、「弱さ」って、なかなかいいものだと思うよ。私は、この歳になって「人には弱い時にしか見えない風景がある」と思うようになりました。誰かに悪口を言われたり、仕事で失敗して凹んだり……。そうやってコテンパンにやられた時、心がヒリヒリして、足元がす～す～して、心もとなくなるよね。そうすると、いつも渡っている歩道橋の上で、ふと見上げた空の美しさが心に染みたりします。道ですれ違った人と肩が触れたら、「あっ、ごめんなさい」と心から言えたりします。

自分が弱っているからこそ世界の美しさに気づき、周りにいる人の優しさがビンビンと心に響いて、「この世の中でいちばん大事なことは、誰かの心をちょっとだけ明るくしてあげられることなのかも」と考えたりする。

私は、ずっと「気にしい」な自分をいつか卒業したいと考えていました。でも最近、もしかしたら私は「気にしい」だから、文章を書いていられるのかもと思うようになりました。弱いから傷ついて、どうやって立ち直れるかジタバタして、時間をかけてやっと上を向く。そんなプロセスを綴るから、同じように感じたことがある人に共感してもらえるのかもって。「気にしい」だから、気づけることがたくさんある。だったら「気にしい」もなかなかいいものじゃないかって、思えるようになったかなあ。人は傷つくからこそ、傷ついた人に心を重ねることができるんだよね。

でも、やがて落ち込んだあの時のことを忘れると、どんどん傲慢になったり、勘違いをし、自分が誰かを傷つけていることすら気づかなくなります。そして、またガンと頭を打たれるような悲しいことが起こって、「ああ、そうだった。私は優しく在ることを忘れてた」と立ち返る。その繰り返し。「弱さ」は、そうやって本当に大事なものに立ち返らせてくれる大事なアンテナなんだと思います。

人間って本来強いもので、悲しいことやイヤなことがあって落ち込んでも、時間がたてばそれを忘れるという自己回復機能が、体の中にセットされているんじゃないかな。若い頃は、ほんのひと言注意されただけで、悲しくて、情けなくて、落ち込んで……とアンテナが過剰に反応するけれど、歳を重ねて、そんな「落ち込み」の経験値が増えてくると、「時間がたてば、きっとここから抜け出せる」ということが、身体的な感覚でわかってきます。

だからあなたも弱った自分に絶望する必要なんてまったくないよ。もし、どうしようもなく凹んだら、「弱さ」をじっくり観察すればいい。私はこの歳になって、やっと自分の「弱さ」を愛せるようになった気がします。

no.5

［20代の私］

いつになったら

「不安」がなくなるんだろう？

「不安」は、きっとあなたを育ててくれる。

30代でフリーライターとして独立したばかりの頃、夜布団に入るたびに思っていました。「ああ、私はいつになったら、不安じゃなくなるんだろう？いったい私はいつまで不安な心のまま毎晩布団をかぶらなくちゃいけないのかな？」って。

いつまでも不安がっていないで、今ある幸せを味わえるようになろう！最近、やっとそう思えるようになりました。でも、一方であの時の「不安」が私を育ててくれたんだなあとも思うんだよね。仕事がなくなるのが不安だったから、ちっぽけな自分に少しでも実力をつけようと収納のセミナーに通ったり、インテリアの講座に行ったり。当時の私にとって、その受講料はびっくりするぐらい高かったけれど、その時学んだことは、後に企画を立てたり、執筆する際、すべて役に立ちました。

誰も仕事を依頼してくれなくなったらどうしよう……と不安だったから、自分の企画で一冊の雑誌を作ってみたいと『暮らしのおへそ』を立ち上げたし、ライターができなくなったらどうしよう……と不安だったから、ライター以外に何ができるかな？と一生懸命に考えて「ライター塾」を立ち上げた気がします。

人って本来怠け者だから、何も心配することがなく、現状に「欠け」みたいなものがなかったら、「よしっ！」と力が入らないんじゃないかなあ？ ヒリヒリする不安があるからこそ、「どうしたらいい？」と考えて、自分をもう少しだけ格上げしたいとジタバタもがく。その中で、自力で階段を上がる力が育つのだと思います。

だからね、不安はきっとあなたを育ててくれるよ！ 不安を抱きしめて、大事にしてみてください。50歳になった私が今思うことは、「その時にしか持てない不安がある」ってこと。私はリコンしたての頃、夕暮れ時に駅から歩いて15分ほどの自分のワンルームマンションに帰る道すがら、家々にともる明かりを眺めては「いつか私もあんな素敵な家に住んで、温かい家族と幸せになりたい！」って切実に思っていました。あの切実さは、あの時でないと持てなかったなあ。20代は20代の、30代は30代の不安がある。仕事を変えたらその時の、家族が増えたらその時の目に見えない不安がある。その時にしか味わえない悶々とした思いが、教えてくれることがきっとあるのだと思います。

不安なんてまったく感じずに、ポジティブに生きていける人をうらやましいなあと思うけれど、ネガティブなびびりんぼにしか見えない風景があります。びびりながら歩いてきた道を、私は愛おしいなあと思います。

そんな日々を思い返してみて、わかったことがあります。それは、不安＝不幸ではないってこと。先が見えない。お金がない。誰かにいいって言ってもらえるかどうかわからない。いろんな未解決な問題を抱えているから不安になります。でも、その荷物が手の中にあるって、きっと幸せなことなんだよ。これからそれをどう扱うか、あれこれ考え、答えを見つけ、あれを試したり、これをやってみたり。これから始まることがたくさんある！　結果が見えないからこそ、可能性は無限大なんだよね。大切なのは、「不安」の受け取り方なのだと思います。自分を押しつぶしてしまう訳のわからない圧力ととるか、心のエンジンに着火してくれるエネルギーととるか……。

50代になって、ずいぶん不安は減りました。たぶん不安がる体力が落ちてきたのだと思います。今、気をつけたいのは、小さな不安を見過ごさないで、そこに落ちている種をちゃんと拾いたいってこと。人は何かが見えないから不安になる……。そこに何が隠されているか、目を凝らして見つめ、何かを発見する。そんな営みをこれからも大事にしたいなあと思っています。

no.6

［20代の私］
「ちゃんとやろう」と決心しても、結局できない。
私ってなんて意志が弱いんだろうと落ち込む。

自分の意志ほど、
あてにならないものはないんだよ。

今日やることリストを書き出したり、1年の始まりに今年の計画を立てたり……。やる気モードの時は、あれこれ未来に思いを巡らせ、「できそうなこと」を書き出すだけでワクワクするよね。でも……。「午前中にここまでやろう！」と思っていたのに、ネットサーフィンをしていたらあっという間に時間がたって、気がつけばまだ半分しか手をつけていないのにもうお昼！だったり、毎年「掃除をちゃんとやろう！」と決心するのに、結局習慣化できなかったり……。楽しい夢から覚めて現実に直面するたびに「私って、どうしてこんなに意志の力が弱いんだろう」と、落ち込んでいませんか？

でもね、できないのはあなたや私が悪いわけじゃないんだよ。50歳を過ぎて知ったのは、「自分の意志ほど、あてにならないものはない」ってこと。え〜っ！だよね〜。だって、自分の人生の舵を取るのは、「こうしたい」「こうしなくちゃ」っていう「意志」の力だって、ずっと思ってきたのだから。

きっかけは、歳をとって疲れやすくなり、夕飯を食べた後はすぐに眠くなって、原稿が書けなくなったことでした。自分を奮い立たせてパソコンの前に座って、なんとか原稿を書いても、翌朝起きてその原稿を読んだらまったくダメダメ。仕方なく書き直したら、昨夜は2時間かかったのに、30分ほどでスラスラ書けちゃった！　つまり、「集中力」というものは意志の力でコントロールするものではなく、ぐっすりと寝てすっきり目覚め、起きがけの疲れていない頭に宿るってこと。これを機に、私は夜仕事をすることを諦めて、とっとと寝て、早起きをして原稿を書くようになりました。

「やろう」と決めたことをきちんとやり抜くには、「心」ではなく「体」を整えた方がずっと近道。このことは、私が50歳を過ぎて得た、いちばん大きな収穫かもしれません。若い頃は体力があるから無理も利くし、いくらでも頑張れちゃう。でもね、力業でやり切ったとしても、そのクオリティはガタ落ちのはず……。目的はゴールテープを切ることじゃない。その道中で、いかにその時間と向き合い、よりよい方法を探し、味わい、楽しむかの方がずっと大事。そのために必要なのが、自分がクリアでいるということなんだと思います。

だから、「これをやろう！」と決めたら、まずは「どうしたら、それができる環境が作れるだろう？」と考えてみるのがおすすめです。毎日家計簿をつけようとか、掃除をしようとか、英語の勉強をしようと思い立ったら、「いつ」やろうか、と考える。「頑張って」やるのではなく、一日の自然な流れの中に、新しいことをどう組み込めるかを工夫してみる。この時、意志の力に頼らない！「よしっ！」と張り切らないとできないことは、絶対に長続きしないでしょう？ 目をつぶっても体が自然に動く。そんな「環境」を先に整えることが、「願い」や「目標」や「夢」をより早く、確実に実現する方法なんだよね〜。

ワクワクしながらできるかどうかもポイントです。ＤＭＭの英会話はネットで30分前に予約して、いろんな国籍の先生と話すことができると知って、ドキドキしながらやってみたら、なんだか楽しかったなあ。レシートをスマホのカメラで撮影するだけの家計簿アプリを使ってみたことも。そうやって、目先を少し変えて楽しんでやれる環境を生み出すっていうのもひとつの方法だよね。

強い意志を持たなくても、頑張らなくても、「しくみ」さえ整えれば、なんでもできちゃう！　そう考えたら、なんだか嬉しくなりませんか？　私も、これからあてにならない自分をどんどん手放して、より確かな自分を見つけたいなと思っています。

no.7

［20代の私］
傷ついて、落ち込んで、眠れない夜がある。

専門家に話を聞いてもらうという方法もあるよ。

誰かにきつい言葉を投げかけられたり、自分の力が及ばない現実を目の当たりにしたり、どうしようもなくつらい時ってあるよね。私も1年に一度ぐらい、ぺちゃんこに押し潰《つぶ》されることがあります。若い頃は、言われた言葉を思い出して夜な夜な泣いたり、ずっと引きずって、仕事をしていてもチクリと胸が痛んだり。「どうして私って、こんなに弱いんだろう?」と、強いメンタルを持ちたいと思ったもの。

自分が弱った時、専門家に話を聞いてもらうというのもひとつの方法だよ。私は取材で「風邪をひいたら病院に行くように、定期的に心理カウンセラーに話を聞いてもらうといいですよ」と聞いて、紹介してもらったカウンセラーの元に3か月ほど通ったことがあります。ちょうど仕事の人間関係で悩んでいた頃だったんだよね。行ってよかったなあと思うことがふたつあります。

ひとつ目は「イチダさん、ずっと『あの人が○○してくれない』って言ってますよね。『してくれない』ことより、自分が『してあげられる』ことを考えてみては？」という言葉。実は私は「○○してくれない」って自分が感じていることにさえ、まったく気づいていなかったんだよね。むしろ私の方がいつも「○○してあげてる」と思ってた……。

でも、それは大いなる勘違いで、私は「私が○○してあげているのに、あの人はちっとも○○してくれない」と不満だったんだよ。その事実を指摘された時、「え〜〜！　そうだったんだ〜！」と驚きました。同時に「確かに」と納得したんだよね。そこから発想を１８０度回転させて、「してもらう」と「してあげる」を入れ替えたら、なんとなくモヤモヤしていた人間関係が、すっきりした気がします。

ふたつ目は、どうしても心が通じ合わないと感じる相手に「出さない手紙を書いてみる」という方法。え～！　出さないんだったら意味なくない？って思ったけれど、とりあえず言われた通りに書いてみました。すると、びっくりするほど効果があったんだよね～。まず、手紙を書くってことは、相手に正面から向き合うことなんだと思い知らされます。今まで「あの人のことがムカつく」と思っていたのは、相手に背中を向けて、ひとりで文句をブツブツつぶやいていただけ。そこからくるりと振り向いて、相手と対峙《たいじ》する。それが手紙を書くってことでした。そうやって、ちゃんと相手に自分の思いを綴るだけで、すごくすっきりするんだよ。もし、誰かとうまくいかなかったら、ぜひやってみて！　傷ついた時はプロの力を借りて、ひとりで悩みすぎないってことも大事です。

part 2

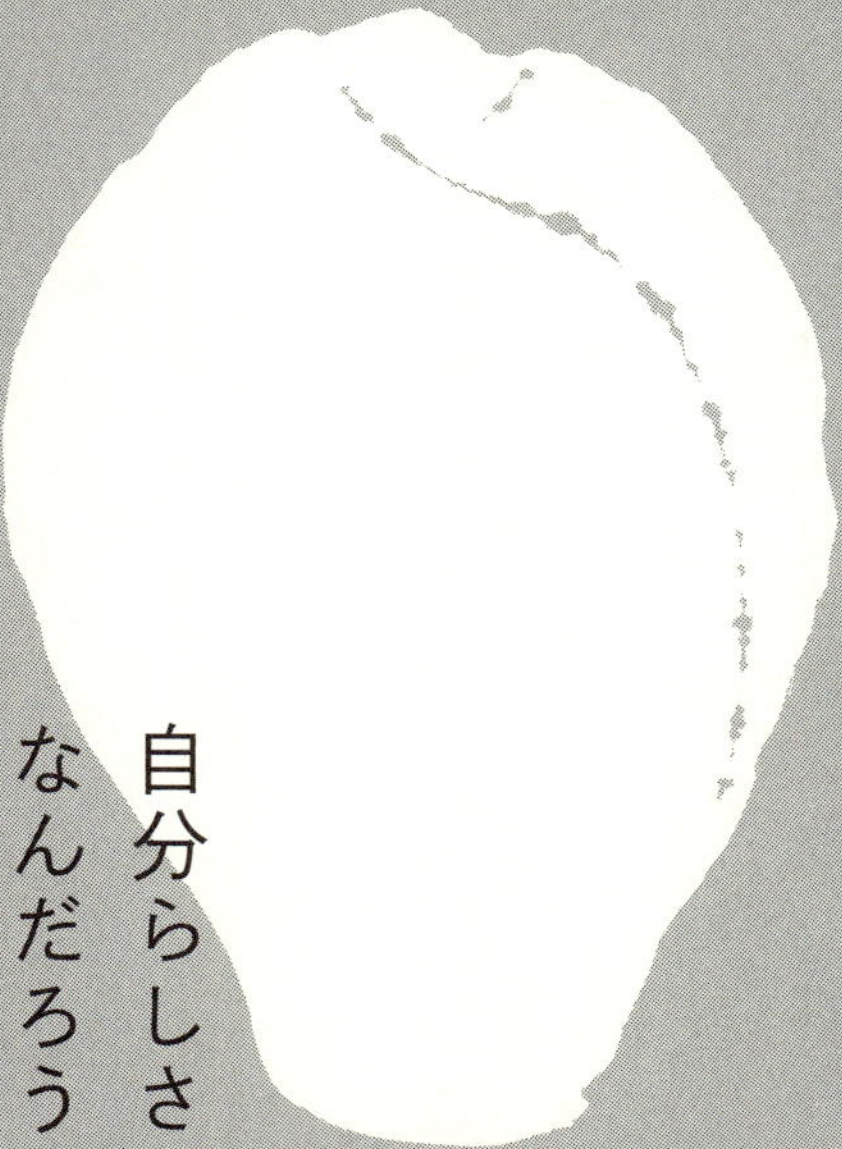

自分らしさって なんだろう？

no.8

［20代の私］
ゴールが見えれば走りだせるのに、
その肝心なゴールが見えない。

イメージしてみるだけで、
きっと現実がそっちへ向かって
動きだすはず。

私は仕事で何を目指しているのかな？　どんな毎日だったら楽しいかな？　幸せな生き方って何だろう？　そんなゴールを設定するのって難しいよね。ゴール＝理想＝夢＝答え……。若い頃、「どこかに到達したい！」「幸せになりたい！」という焦りばかりが募って、肝心の目的地がどこにあるのか、さっぱり見えませんでした。ゴールがくっきり見えていたら、そこを目指して一目散に進めばいいだけだから簡単です。でも、「ここがゴールだ」と見極めるのが難しい！　いつも、「これでいいのかなあ？」「今は、こっちへ行こうと思っているけれど、明日はまったく逆方向へ行きたくなるかもしれないし……」と迷ってばかり。目標が決まらないから、逆算して「今やるべきこと」を考えるという、いたって根本的なことができませんでした。心のどこかで、「無理やり設定したゴールなんて、なんか嘘くさい気がする」と思っていた気もします。

ある晩、スマホを触っていたら、片づけのプロ、鈴木尚子さんがインスタライブをされていて、何気なく聞いていました。すると、こんな会話が流れてきました。「『これがやりたい』と思ったことを、自分の頭で鮮明にイメージできたら、その時点でもう、その『やりたいこと』は実現しているんだよね」って。あ～、また私が苦手なヤツだ……と思いました。でも、ふと「イメージを描く」って、どういう状態になるんだろう？と知りたくなったんです。だったらちょっとやってみようか、と思い立ちました。

う～ん、将来私はどうなっていたいだろうか？　いつか森の中に素敵な平屋の一軒家を建てて、窓辺に小さな机を置いて、ワクワクしたことや、しみじみしたことを綴っていたいかなあ。まずは、そんな感じ。あれ？　私ってそんなことを望んでいたんだ！　頭の中にイメージを浮かべてみて、改めて驚いちゃった！　ところが……。さっそく私の中の「いじいじ虫」が発動！森の中に住んだら取材に出るのが大変だし、歳をとったら不便な生活は億劫《おっくう》だし。と同時に、そうか！　これが鈴木さんの言っていた「鮮明に」ってことなんだと、わかった気がしたんだよね。描いた夢を実現する「仕事」や「人付き合い」や「健康」といったひとつひとつのディテールを、しっかりイメージできれば、それはもう実現している……。

ここまでやってみて、ハッとしました。「そのディテール、どうやって叶える？」。そうやって頭が動きだしたのは、まず「夢」をイメージしてみたからこそ。以前の私のように「夢なんて、わかんな〜い」と言っているだけでは、何にも始まらなかったんだよ。見えなくても、ぼんやりでも、無理やりでも、自分だけのクレヨンを持って「夢」を描いてみる。実は、そんな一歩から「夢」への道は始まっているんだ！と、やっと気づいたというわけです。同じライター仲間だった大野祥子さんが、フォロワー数8万人（2022年5月当時）というインスタグラマーに変身していて、びっくりしたことがあります。彼女は、ライターの仕事がだんだんしんどくなってきたんだって。ライターって取材先を探したり、編集者と打ち合わせをしたり、アポイントを取ったり、原稿をチェックしてもらったりと、やることがたくさんあります。繊細な彼女は、そのひとつひとつのやりとりの中で、自分を消耗してしまったよう。そして、ある時「やりたくないことは、やらないようにしよう」と決意したんだって。代わりにどうやって食べていくかは、まだ見えていなかったそうです。なのに「やらない」って決められるなんてすごい！

すると、周りの状況が少しずつ変わっていきます。「やらない」から時間ができた→時間ができたから部屋を片付けた→その様子をインスタにアップしてみた→フォロワー数がぐんぐん増えた。今、彼女はインスタのPR広告による収入で、生活が安定したそう。「まずは決める」って、こういうことだったんだ～と目の前でお手本を示してもらった気がしました。大野さんの場合は「やらないと決める」だったけれど、「やると決める」だってきっと同じはず。いつまでも「わかんな～い」とぐずぐずしているだけでは、何も動きださないんだよね。

そんな中でわかってきたのは、ゴールや夢や目標は、「とりあえず」でいいってこと。え～！ そんないい加減な、って思うでしょう？ でも「完璧なゴール」を求めるから、その姿がいつまでたっても見えない。ゴールを決めるって、きっと船の舵を切るみたいなものなんじゃないかなあ。つまり、「そっち」へ進もうと決めさえすれば、大きくて重たい船も波の上をす〜っと動きだす……。

最近私は、笑っちゃうようなバカバカしい夢でも、よ〜く自分の心を研ぎ澄ませて、「その場」が自分の中に瑞々しく浮かぶように、イメージする時間を楽しんでいます。折に触れてイメージし続ければ、いつかそこへ至る道もくっきり見えてくるのかなあと、ちょっと楽しみです。

no.9

［20代の私］
頑張って、幸せになろう！

歳をとって頑張ることが
できなくなったって、
幸せであり続けることはできる！

人は、いろんな目標を持って頑張るものだよね。私なら一人前のライターになるために。会社員の人は、プロジェクトで成果を出すために。お母さんは、いい母親になるために。そのためには何が必要なんだろう?と試行錯誤を続け、目の前にあることに全力で向き合う。そんな無我夢中な時代って、いいものだなあと思います。

でもね、ず~っと頑張って仕事をしてきた私は、最近になって「ほんとにそうかな?」と思うようになりました。もしかしたら、人は頑張らなくても幸せになれるんじゃなかろうかって。「頑張る＝幸せになる」という方程式を覆すことは、私にとって大事件です。だったら、今まで何のために頑張ってきたんだろう?と、これまでの道のりを否定することになるから……。

確かに、今まで頑張ったからこそ、少しずつ好きな記事が書けるようになり、好きな本が作れるようになりと、いろんな実りを手にすることができました。それは何より幸せなことだったんだよね。

でも、ふと足元を見て「だったら、私は仕事をしていなくちゃ幸せじゃないのか」と問い直した時、「あれ？」とわからなくなっちゃったんです。

「頑張ったら、幸せになれる」ということは、頑張って何かの「成果」を手にすれば幸せになれるということ。それは何かを「生産する」ことで生まれる幸せです。みんな、少しでもその「生産量」を上げるためにガンバル！でも、もし私が歳をとって仕事ができなくなり、何も生み出すことができなくなったら、幸せじゃなくなってしまうんでしょうか？　幸せの定義って、なんだか違う気がする……。そう考えるようになったんだよね。

歳を重ねると、つまり老いると、だんだんできないことが増えていきます。

でも、何かができなくなったって、幸せに暮らすことはできないものかな？　私の今のいちばんの望みはね、人生の後半になればなるほどハッピー曲線がぐっと上がること。若い頃のようにバリバリ働けないかもしれないけれど、そことは違うもうひとつのステージで、幸せの幅をみっしり太くすることなんだよね。そのためには、今の私の年齢あたりから「幸せ」に対するアプローチを変えなくちゃいけないんじゃないかなと思うようになりました。

たとえば、休日の夕暮れ時に夫と一緒にスーパーに買い物に出かけます。「今晩、何が食べたい？」「う～ん、麻婆春雨」「え～、また～？」なんて話しながら、夕焼けの中を歩く時間が大好きです。

ある日はテレビの料理番組で、おいしそうな天ぷらの作り方を知りました。水に小麦粉を入れてシャバシャバな状態にし、鯛をくぐらせてカラリと揚げるというもの。早速、真似してやってみて、塩でいただいたらびっくりするほどおいしい！

そんな幸せだったら、歳をとったからといって薄れて消えていくことはなく、ちゃんと積み重ねていくことができるんじゃないかなあ。つまり、幸せってゲットするものではなく、暮らしの中のさまざまな場面で「わ〜い」と喜ぶチャンネルを増やすってこと。だから私は、これから少しずつ「頑張らなくても幸せ」を見つけていきたいなあと思っています。

もちろん「頑張って幸せになる」というプロセスも大好きです。自分の伸び代を見つけて、できないことができるようになる……。それは何物にも代えられない喜びです。

頑張ることと頑張らないこと。それをアクセルとブレーキのように使い分けて、自分が手にする幸せを多面体として磨いていければいいなあと思っています。

no.10

［20代の私］

欲しいものがいっぱいで、
貯金なんてとても無理！

お金は自分を
自由にするためのもの。

今ぎりぎりの生活なのに、貯金をするなんてとても無理！と思っていませんか？　私もずっと稼いだ分だけ使うという生活を続けてきました。誰かにどんなに「いい器」と聞いても、雑誌でどんなに評判になっていても、自分で実際に料理を作って盛り付けて、口に当て、洗って、と使ってみないと「どういいか」はわからないよね。演劇やバレエやコンサートなどもきっとそう。旅に出かけて、見たことがないものを見て、聞いて、感じてみたい。ただし、本物の体験にはすべてお金がかかるんだよね。つまり、お金って、自分を育てるためにあると思っていました。だから「使ってなんぼなんだよなあ」と、貯金ができない言い訳をしてきた気がします。

ある時、10歳ほど年下の仕事仲間がマンションを購入しました。しかも半分ぐらいは現金で支払い、残りはローンを組んだと聞いてびっくり！　都心のマンションだったら○千万円ぐらいで、その半分といったら○千万円で、と胸の中で勝手に計算してみたら……。「え〜、そんなに貯金してたんだ！」とその事実を目の当たりにして、すごくショックだったんだよね。「そういえば、一緒に取材に行って、私がバンバン買い物をしても、彼女はお皿を1枚買うぐらいだったな」「そういえば、洋服も同じものを長く大事に着ていたよな」。同じような仕事に関わり、同じものを見て、一緒に過ごしてきたのに、「お金」に対する意識がこんなにも違っていたんだ、と思い知りました。「ああ、堅実な彼女に比べて、なんて私は計画性なく、湯水のようにお金を使っちゃっていたんだろう……」と後悔したけれど、後の祭りです。

そこから少しずつ、「ちゃんと考えなくちゃ」と思うようになりました。あのね、今やっとわかったことがあります。それが、どんなに稼ぎが少なくても、限られた収入の中でも、貯金ってちゃんとできるものなんだ、ってこと。「お金は、あなたを自由にしてくれるものだよ」と教えてくれたのは、ずっと年上の先輩でした。収入がなくても数か月は生きていけるお金があれば、もし病気になっても、なんらかの理由で仕事ができなくなっても、アタフタせずにすみます。

貯金のコツは、ちょっと無理かな？と思っても決まった額を最初に収入から さっぴいてしまうこと！　つまり給料から毎月天引きにすること。「残ったら貯金しよう」では、絶対に無理です。私は、恥ずかしながら40歳になって初めて、積立定期預金なるものを始めました。スタートが遅かったこともあり、かなり思い切った金額設定をしたので、生活費が足りなくなったらどうしようとドキドキ。でも、ドタバタ生活していると、月日ってあっという間にたつんだよね。ハッと気づいたら、銀行口座からお金が引き落とされていて、「あ、そうだった！」と思い出すぐらい。「あれ？　今月残高こんなに少なかったっけ？」とびっくりすることもあるけれど、それならそれで、いつもは「ま、いいか」と買ってしまっていた虎屋の高級羊羹《ようかん》をスーパーの羊羹に切り替えたり、気に入った洋服に出合っても、「う～ん、またにしよう」と衝動買いをしないですんだり。

そうこうしていると、積立定期預金の口座にお金が貯まっているではないですか！　これにはびっくり！　何度も残高の数字を見ながらニマニマしてしまいました。ちゃんと毎月引き落としにして、ちゃんと積み立てれば、貯金ってできるものなんだね～。そして、貯金が増えれば増えるほど「貯める楽しみ」に目覚めていきます。人生後半になって、こんなことに気づくなんて、遅すぎたよなあ〜。もっと早くから少額でいいから、コツコツ続けていれば今頃……と後悔しきりです。正直に告白すれば、フリーライターは収入が不安定だから、天引き後の残高が足りなくなったこともあります。でも、最近ではネットバンキングが主流で、出し入れ自由という定期預金ならネット上で操作して、10万円だけ解約……みたいなことが可能。あまりガチガチに決め込みすぎず、「まずはやってみる」のが大事なんじゃないかなあ。

私は今、次なるステップ「投資」に挑戦してみたいなあと考えている最中。お金に関連することって、行動を起こす最初の一歩にエネルギーがいるんだよね。でも、やってみないとわからない！　小さな金額なら失敗したって大丈夫。自分の苦い経験上、若い頃から、お金の経験値を増やすことをおすすめします！

［20代の私］

何と何がそろったら、
シアワセになれるんだろう？

シアワセって、「ささやかさ」を感じることで生まれる。

シアワセになるためには、どうしたらいいんだろうって考えませんか？何と何がそろったらシアワセになれるんだろうって……。最近ね、私は年老いた両親の姿からひとつのヒントをもらいました。私がものごとを悪い方へ悪い方へと考えるペシミストになったのは、母に似たからです。体調が悪くて落ち込みがちな母。病院に行って治療をしてもらったり、薬をもらってちょっとはマシになったとしても、「また具合が悪くなったらどうしよう」と絶えず心配しています。それに対して付き添いの父はいたって能天気。「いい先生に診てもらえてよかったな～」とか「帰ってきたら、しゃんと歩けていて素晴らしい！」と、ひとりでニコニコしています。

そんな正反対のふたりの話を聞きながら、自分と同じようにくよくよと考える母の様子に、「それって、ソンじゃない？」と思ったんだよね～。同じことでもいい方へいい方へと捉える父の方がずっと楽しそう。現実という土台の上に、ポジティブという花とネガティブという落とし穴があったとしたら、落とし穴の手前で怖がって立ち止まったままよりも、ポジティブの花だけを摘んで集めればいいんじゃない？　そう考えるようになりました。

人って、「手に入らないもの」を手に入れられることができたなら、シアワセになれると考えがちじゃない？　ここじゃないどこかにシアワセがあって、努力したり、頑張ってようやく手に入れる……。そんなイメージ。でも、同じ現実の中にいるのに、父はいい先生に診てもらえたことや、昨日より今日の方が体調がちょっとマシになったことを「お～、よかったなあ～」と言い、母はまだこない未来を心配し不安がる……。そんなふたりの姿を見ていて、父は何かを手に入れなくても、「今この時」の中にちゃんとシアワセを見つけているんだと知ったんです。つまりシアワセって、手に入れるものじゃなく、感じるものなんだね。

たとえ細切れでも、ポジティブとポジティブを足し算していけば、人生の中でのかなりの時間を占めるはず。もし、明日イヤなことがあったとしても、前日から「イヤな気分」を味わう練習なんてしなくていい。ギリギリまで、ヒャッホ〜！と楽しんじゃえばいいんじゃない？と思ったんだよね。

私は若い頃からギラギラした向上心の持ち主だったので、「いい仕事をしよう！」「いいライターになろう！」と一生懸命でした。だから、仕事が最優先で、遊びも習い事も「余裕があったら」と後回しにしてきたんだよね。当時追い求めていたシアワセは、「仕事で成功する」というビッグなものだったと思います。

でも……。先日、大学の後輩が手作りのマーマレードを送ってくれました。彼女は仕事をしながらも多趣味で、最近柑橘ソムリエの資格を取り、世界マーマレード大会に参加するための試作を送ってくれたのだとか。わあ、楽しそうだなあ～とうらやましくなりました。そしてふと、シアワセって何かを成し遂げなくても、おいしいマーマレードを作るだけでいいのかも……って思ったんです。

あのポジティブの花の足し算のように暮らしの中で、朝起きてカーテンを開けて空を見上げたり、昼間においしいスープを作ってランチにしたり、夫とテレビを見ながらゲラゲラ笑ったり。シアワセって、そんなささやかな足し算なのかも。

大切なのは、そんな「小ささ」「ささやかさ」を感じることができるかどうかなんだよ。ビッグな夢が叶わないとシアワセじゃない、そんな「どこか」にある不確定なものに翻弄されていたら、シアワセになりそこねちゃう。今ここにある喜びを、ワハハ〜と笑って受け取れる毎日を送りたいなあと思っています。

no.12

［20代の私］

自分が「やりたいこと」がわからない。

わかるための第一歩は「やってみる」こと。

あなたの「やりたいこと」って何ですか？

若い頃から、あれもやってみたいし、これにも挑戦したい！とキラキラした目で語れる人はいいけれど、多くの人が「え〜、そんなことまだわからない」って迷いの中にいるんじゃないかなあ。自分が何ができるかもわからず、世の中のしくみもわからない……。そんな中で自分が「やりたいこと」なんて、なかなか決まらないよねえ。

でもね、50歳を過ぎた私が言えることがひとつあります。それは「今すぐ、やりたいことをエイッて決めちゃった方がいい」ってこと。あのね、わからなくても決めちゃうの。だって、きっといつまでたってもわからないから。

私が、やっとこの頃わかったのは、人って「わかった」から「やる」のではなく、「やる」から「わかる」ってこと。経験しないと何もわからないでしょう？　つまり、「わかる」ための第一歩は「やってみる」しかないんだよ。「でも、どこから手をつけたらいいのやら……」って途方に暮れるでしょう？　もしかしたらそれって、考えることから逃げているんじゃないかなあ。私もずっと長い間、「どうせわからないから」って言い訳し続けてきた気がします。

わからなくてもいいから一生懸命考える。それで「これかな？」ってかすかに思いつくことがあればやってみる。それでいいんじゃないかなあ。その「かすかに見つけたこと」が、合っているかどうかはわからないよね。でもさ、やってみることで「あ、これでいいんだ」とか「あれ？　ちょっと違うかも」っていうことが初めてわかるんだよ。そして、「これのココがこんなふうに違う」「もうちょっとあっちの方がいいのかも」と次のステップが見えてくるんだよね。

わからないことをやってみるって、勇気がいるよねぇ。だって間違える可能性大なんだもの。でも、「わあ、違った！」っていう体験は、きっとすごく大きな力になるよ。人って、どうしても「間違えたくない」って思っちゃうんだよね。間違えたらすごく後悔するし、落ち込むし……。私もそれが怖くて、できるだけ「間違えないように」と生きてきた気がします。

でもさ、人って怠け者だから痛い思いをしないと考えないんだよね。若い時にどうしてもっといろんな失敗をしておかなかったんだろう？って今、すごく後悔しています。

40代になっておしゃれの迷子になった時に、「だったら先輩に教えてもらおう」と立ち上げた『大人になったら、着たい服』というムックがあります。

かっこいい先輩たちに話を聞くと、若い頃、みんなヤンチャだったんだって！　精いっぱい背伸びをして、憧れのブランドの服を着てみたり、とんがったコーディネートで街を闊歩《かっぽ》したり。そしてみんなが教えてくれたんです。「失敗をいっぱいして、やっと似合うものがわかるようになりました」って。彼女たちが鏡の前で何度も着替えた回数が、おしゃれのセンスを磨いてくれたんだよね。

正しくなくてもやってみればいい。これ、もっと早く知りたかったなあ。大事なのは、行動できなくてもいいから、自分の中でモヤモヤしているものを「忘れない」ってことなんじゃないかなあ。ずっと持ち続けていたら、きっといつかエイッて決められる……。そこまでにかかる時間は、人それぞれでいいんだと思います。

「わからないし……」と投げ出さないで、何歳になっても冒険に出かけられる自分でいたいなあと思います。

［20代の私］

ひとつのことを突き詰めて、道を極めたい。

道が1本だけだと、
ポキッと折れた時に危険。
「別の道」も持っていた方がいい。

私は「書く」ということが好きだから、それが仕事にできて本当に幸せだなあと思います。おばあさんになるまで、「ほ〜!」と何かに驚いて、「なるほど〜!」と何かを発見し、「ねえねえ」とそれを書いて誰かに伝えられればいいなあと思います。でも……。もし、「書く」ということが仕事にならなくなったら、私はどうやって生きていくだろう? と考えたりもします。どこか田舎の町に住んで、バイトをして、夕方になったら家に帰り、ご飯を作って食べる。そんな一日の中にもお楽しみを見つけられるかなあって。

人って、今全力で向き合っていることが「世界のすべて」のように勘違いしてしまうけれど、その外側にはもっともっと広い世界がある……。そのことに、なかなか気づくことができないんだなあと思います。会社で一生懸命働いていても、そこでの正義がすべてじゃない。子育てで無我夢中でも、子どもが独立した時、ハッと自分には何も残っていないことに啞然《あぜん》とする。「今」にしかフォーカスしていなかった視野を、ひと回り広くするって意外に難しいよねえ。

以前、取材で松浦弥太郎さんにインタビューをさせていただいたことがあります。松浦さんといえば、多趣味な方。車、カメラ、ギター、民藝、料理。そのチャンネルの多さに驚かされます。しかも、ひとつひとつへののめり込み方がすごい！　撮影に持ってきていただいたギターは「MARTIN 00-21 NY」というもの。１９６４年製なんだとか。メガネは１９４０年代のフランスのもの。腕時計は１９６７年製のロレックス。それぞれのものにストーリーがあって、松浦さんはそのひとつずつを追い続けてこられた……。

そのインタビューで松浦さんはこう教えてくれました。「好きなものに詳しくなることで、『もの』が僕をどこかへ連れていってくれるんです」「自分と同じように『もの』について勉強している人に出会わせてくれる。すると、今度はその人たちが『次の世界』を教えてくれるんですよ」って。

松浦さんみたいに素敵な趣味じゃなくても、たとえば韓流の「推し」だったり、大好きなパン屋さんの話だったり。今の自分の人生のメインストリートのすぐ横に、小さな路地がたくさんあると知っていることが、あなたの生き方を太く強くしてくれるんじゃないかなあ。

必要なのは「メインストリート」の方がエライという思い込みを捨てることかもしれない。今まで「そんなしょ〜もない」と通り過ぎてきたあれこれを、もう一度点検し直してみるのもいいかもね。

先日、ラジオを聞いていたら、アンミカさんが、「人生で起こる出来事を信頼する」とおっしゃっていて、なるほどなあと思いました。どんなささやかなことも、暮らしの中の大切なパーツ。そう思えば、朝布団の中でぬくぬくと過ごす時間も、夜お風呂で「うお〜」と体を伸ばすひとときも、「何か」をやり遂げる仕事と同レベルな大切な宝物として、コレクションできるんじゃないかと思っています。

no.14

［20代の私］
歳をとることって怖い。

歳をとり
「何かができなくなる」という体験は、
新たな幸せネットワークを構築する
チャンスだよ。

できればいつまでも若々しくいたい。老いていくのって怖い。そう思っていませんか？

でもね……。「老いる」なんてず～っと先のことと思っているけれど、あっという間にすぐそこにやってくるものなんだよ。私はそれを両親のプチ介護で思い知りました。２０２１年に、母が肩に人工関節を入れる手術を受けて1か月入院。私は当時90歳の父のご飯を作るために、東京と関西の実家を行ったり来たりしたんだよね。今まで、仕事で関西を訪れる時や年末年始に帰ったりはしていたけれど、初めて1か月、べったりと父と一緒に暮らして、ああこんなにも老いたのか……と愕然《がくぜん》としました。ベッドから「よっこいしょ」と起き上がる姿。すぐにソファに横になって眠ってしまう姿。ご飯を作ってもそんなにたくさんは食べられず「おいしいんだけど、お腹いっぱいや」と笑う姿。

90歳という年齢は知ってはいたけれど、その実態がこういうものなんだと毎日目にすると胸が押しつぶされるような思いで、苦しかったなあ。やっと母が退院して、自宅に帰ってからも、「今頃ふたりでどうやって暮らしているのかなあ」と心配でたまらず、私自身の体調まで悪くなるほど。そんな中でわかってきたことがあります。私がこれほどまでに苦しいのは、「老い」に抗《あらが》っているからなんだって。老いてほしくない。死に向かってほしくない。いつまでもいてほしい。じたばたした挙げ句にやっとたどり着いたのは、「両親の老いを受け入れよう」っていうことだったんだよね。できなくなることが増えていっても、それは仕方がない。老いるって当たり前の営みだって……。

そして両親の「老い」の姿は、そのまま私のこれからの姿でもあったんだよね。私もいずれ思うように動けなくなり、日常生活さえままならなくなるかもしれない。そんな経過に抗うことはできず、ただただ受け入れるしかない。今までも頭では理解していたけれど、やっと「自分のこと」としてリアルに実感できた気がします。

私たちの脳は新しいことを知ると、既存のネットワークが組み替えを行い、新しい脳内ネットワークを作り続ける……と何かの本で読んだことがあります。若い頃は自分のネットワークに「老い」とか「死」って存在しないよね。でも、人生後半になると組み込まざるを得なくなります。そうすると、「仕事って何？」「夢って何？」「幸せって何？」という今までのネットワークを組み替える必要が出てくるってわけ。

これって、人間のとてもよくできたメカニズムだなあって思うんだよね。

若い頃は、いろんな新しいことを知って、もっともっとと成長し、上り続けようとするよね。それは私たちの可能性を広げ、未知の扉を開ける大きな力となります。

でも、人生後半に差しかかった時、どこかで足を踏み替えなくちゃいけなくなる。それが「何かができなくなる」という体験なのだと思います。

成長＝「何かができるようになる」ように頑張ってきたのに、人生のエスカレーターが逆に動き始めた時、「あ〜あ」と失望するのではなく、ハッピーに、ご機嫌に生きていけたらいいなあと思うんだよね。

両親の「老い」は、私にその練習をすることを教えてくれたのだと思っています。ふたりは最近、近所のスーパーに握り寿司の詰め合わせを買いに行くのを楽しみにしています。夕方タイムセールになって、半額になっていたらすかさずゲット。そして、家でお味噌汁だけ作って「おいしいの～」「得したね～」とニコニコしながら食べる。高度経済成長期を走り抜け、ふたりの娘を育て、最後にたどり着いた両親の幸せのささやかさが、私たちに教えてくれるものは大きいなあと感じるこの頃です。

no.15

［20代の私］

ワクワクしたいと思っても、

「それだけじゃ食べていけない」と足踏みする。

ストッパーを外して「ワクワク」を見つけるには、練習が必要だ！

「あなたの夢は何ですか?」と聞かれたら何て答える? やりがいのある仕事をすること。いい家に住むこと。家族で楽しく暮らすこと。そんな夢を実現するには、いったいどうすればいいんだろうね。実は最近、会う人がみんな同じことを言うんです。それが「ワクワクする方へ行けばいいんだよ」ってこと。「そうすれば、現実は後からついてくるから」って。でも、私はすぐにこんなふうに考えちゃうんだよね。「え〜、ワクワクすることだけを考えていたら、お金が稼げなくなるかもしれないし」。

まずは「ワクワクする方ってどっち?」ということから見つけたらいいのかもしれないと考えてみました。私がワクワクすることって何だろう? そうしたら……。さっぱりわからなかったんだよ。もちろん仕事で素敵な人に出会えばワクワクするし、新しい器を買って、家に帰っておかずを盛り付ければワクワクする。でも、それはすでにやっている「ワクワク」なんだよね。これから先にあるワクワクって何なんだろう？

その時、ハッと思ったのです。私は、今までずっと「ワクワクすること」を考えると、必ずセットでストッパーを設置していたんだなって。「でも、お金が稼げないかもしれない」「でも、誰も認めてくれないかもしれない」。そんな癖がついてしまって、「キャ～、ワクワク～する～！」って、素直に飛びつくことができなかった……。もしかしたら「ワクワク」から「でも」というストッパーを取り払ったら、最近出会った人が言っていたみたいに、もっと一直線にそこへたどり着けるのかもしれない。今そう感じています。

まず、私が取り外すべきストッパーは「お金」なのかもしれません。つい、何をやるにも「そんなことをしたら、仕事が不安定になる」と、「楽しいこと」よりも「経済的に安定していること」を考えちゃうんだよね〜。もし「まったく仕事をしなくていい」と言われたら、何をして過ごすだろう？　そう考えると途方に暮れちゃいました。庭に花を植えて、畑を作って、夕方早めから料理を作って、おいしいワインでも飲みながらゆっくり食べて、映画を観て……。ピアノを習うのもいいかも？　そして、旅にも出かけたい！　でも、それって「どうしても」やりたいことかな？

50代半ばから、テニスのレッスンに通い始めました。きっかけは取材で知り合った心理カウンセラーの方のカウンセリングを受けたこと。「イチダさんって、24時間365日、仕事のことを考えているんじゃない？　それはちょっと危険だよ。もし、仕事ができなくなったら、心もポキンと折れてしまいそう。仕事以外の何かをやってみたら？」。そう言われて「え〜？　何をしよう?」と戸惑ってしまいました。そうして選んだのが、中学、高校、大学とやっていたテニスだったというわけ。

もう少し「できる!」と思っていたのに、スクールに通い始めて30年ぶりにラケットを握ると、まるっきりできなくて……。悔しくて、パーソナルのレッスンにも通い始めました。筋肉痛バリバリで、1か月近くも足を引きずって歩いていたけれど、それが楽しかったんだよね～。今では、原稿の締め切りがあろうが、取材が立て込んでいようが、週1回必ず通っています。こんなに自分が夢中になるなんて、思いもしなかった!

レッスンでは約1時間、コーチと向き合ってひたすらコートを走りまわります。その時間、私はどうしたらバックハンドがうまくなるかとか、どうしたらスマッシュのタイミングが摑《つか》めるかしか考えていないんだよね。この

「いつも」からスパンと切り離されて、「誰でもない自分」になる時間が爽快！　そして、その時、お金のことなんて考えてない！

もし、まったく仕事をしなくていいとしたら、今なら私は毎日テニスに行きたいなあ。でも、これってレッスンに通い始める前は、思いもしなかったこと。「夢中になる」って、自分で計画するのではなく、落とし穴に落っこちるように、そっちへ引っ張られることなんだね！　つまり、毎日の暮らしで「何がワクワクするか」は、やってみないとわからないってこと。人生後半にかけて、仕事中心から「ワクワク」を楽しむ日々へシフトしようとしても、急には無理ってこと。そこにはきっと「練習」が必要なんだよ。

若い頃は、仕事で何かを成し遂げることしか、私は興味がありませんでした。でもさ、もし出した本が少々評判になったとしても、1年後にそんなことを覚えている人なんてほとんどいない……。それってなんだか虚しくない？　評価を受けなくても、おいしいものを「おいしいねえ」と食べたり、スパーンとサーブが決まって「よっしゃ〜！」とガッツポーズを決める瞬間は、その日その時をキラキラ輝かせてくれるんだよね。

だから、これから私は、自分で自分を楽しませる練習を始めようと思います。あらら〜って手を引っ張られて夢中になっちゃうワクワクを、たくさん見つけたいと思います。

part 3

日々の暮らしで学びとるもの

no.16

［20代の私］
おしゃれな器を集めて、
「センスいい」って言われたい。

誰かに見せびらかす食卓で、
幸せにはなれない。

我が家で毎日使う器は、食器棚の左上の2段に集中しています。大皿はチキン南蛮やピーマンの肉詰めなどメインのおかず用。中鉢は肉じゃがや里芋の煮っころがしを。小鉢は酢の物や冷や奴などを。これを取り皿に取り分けて食べるスタイルです。食器棚にはたくさんの器が入っているけれど、このうちへビーローテーションで使うのは5枚ほど。「おばあさんになったら、私はこの5枚で暮らせるなあ」と思います。

かつては作家さんの個展に通い、人気陶芸家の器を買って料理を盛り付け、誰かを家に招いて「わあ、素敵ですね〜」と言われることでニマニマしていたんだよね。今のようにSNSがない時代は、それが「いいね」の代わりだったのだと思います。「誰かに認めてもらいたい」という気持ちは誰もが持つものでしょう？　私にとって器は、それを可能にするとても手っ取り早いツールだったなあと思います。外に出て仕事をし、何かの成果を出すとなると大変だけれど、器を1枚買ってきて、いつものおかずを盛り付ければ、ちょっと「いい感じ」に見える。それを誰かに褒めてもらえれば、自分がちょっと「センスよくなった」気がするよね。

でも「いいね」と言われて、ウキッとときめくのはほんの一瞬なんだよ。ウキッが過ぎ去ってからは、淡々とした「いつもの日常」が続きます。そして、誰も褒めてくれない「日常」の方がずっと長い……。だったら、「褒められる一瞬」より、「ずっと続く、なんでもない毎日」を、自分の「真ん中」にしよう。そう考えるようになりました。

「見せる」から「使う」へ。選ぶものさしが変わると、我が家の食器棚の風景は変わっていったんだよね。インスタ映えするかっこいい器は減り、どんどん地味に……。その代わり、考えるようになったのがサイズ感です。当時、気がつけばそればかり使っているという陶芸家、井山三希子さん作の器がありました。私はどうして、これぱっかり出してくるのかなあと考えた時、「そうだ！　煮物でもサラダでも、ふたり分のおかずを盛り付けるのに、サイズがちょうどいいんだ」と気づきました。以来器を買う時には、手持ちの器でよく使うものを基準にし、「これ」より大きいか、小さいかと選ぶようになったんだよね。

器のギャラリーやショップの店頭で、「いいなあ〜」と思って家に連れて帰り、おかずを盛り付けると「何にも盛り付けない方が美しい」と思うことがあります。逆に、「ちょっと地味かなあ」と思いながら手に入れた器に、いつもの煮物をバサッと盛っただけで、「うわ〜、いい感じ！」と驚くことも。そんな経験を幾度か繰り返し、「ちょっと物足りない」と思うぐらいの器を選ぶようになりました。渋い焼きしめの器に、ほうれん草のお浸しをのせると緑の色がパッと引き立って、なんてきれい！　おかずを盛り付けて初めて生き生きと輝き始める器の変化を眺めることは、生活の中の小さなお楽しみです。

私は、今でも誰かに褒めてもらうことが大好きです。でも、インスタ映えする器に、おかずをちょこっと盛り付けて、みんなに「素敵～！」とコメントをもらうより、地味な器で毎日の食卓を夫とふたりでしみじみ楽しむ。そんな他の誰のものでもない人生をコツコツと自分の手で作り上げていく幸せこそを、誰かに「いいですね～」と言ってもらいたいなあ。

うちの90代の父と80代の母は結構おしゃれなんだよ。ある日の父は、白いパンツにネイビーのセーター。母は、こげ茶のスカートに薄いグレーのニット。シルバーヘアにシンプルな服がよく似合い、いい感じ。実はこのほとんどは、母が「ユニクロ」で選んだものです。「もうこの歳になったらブランドものはいらないの。軽くて、着やすくて、色のバランスさえよければいいのよ」と母は言います。

「名がある作家ものの器じゃなくちゃ」「センスよく見えなくちゃ」と意気込んでいた若い頃の私に、今の両親のもの選びを教えてあげたいなあと思います。

no.17

［20代の私］

経験を買うために、お金を稼ぎたい。

本当に欲しいものが「わかる」ためには、レッスン料が必要。

若い頃、猛烈にお金を稼ぎたいと思っていたワタクシ……。それは、ブランドものの洋服を着たいとか、いい家に住みたいとか、三つ星レストランに食事に行きたいという「贅沢」を求めるのとはちょっと違ったんだよね。私がお金で買いたかったのは、「経験」でした。当時は家賃をきちんと払い、自分が食べる分を稼ぐだけで精いっぱい。でも、取材で出かけていく先で知ったのは、「いいもの」を使う暮らしでした。

えっ？　お茶碗ひとつ6000円？　えっ？　漆のお椀一客3万円！　当時住んでいたワンルームマンションの家賃は8万円。お茶碗とお椀を2客ずつ買うのとほぼ同じ金額。とてもじゃないけど分不相応。でも、後先考えずに「えい〜〜っ！」と買っちゃったんだよね。それは、お茶碗やお椀が欲しかったのではなく、その器を使った暮らしでは、どんな景色が見えるのかを知りたかったから。

友人と居酒屋で飲みながら「いろんなものを見て、聞いて、知りたいけれど、何をするにもお金がかかるんだよねえ」とぼやいたのを覚えています。歌舞伎やオペラを観るのにも、カシミアのコートってどれぐらい軽くて着心地がいいかを知るのにも、パリッとしたリネンのシーツで寝る気持ちよさも、どれも身銭を切らないとわからない……。

しかも、大枚叩《はた》いて買ってみても、「やっぱり違った」というケースもたくさんあったなあ。すごく話題になっている陶芸家さんの真っ白でモダンな形の大鉢を買ってみた時のこと。大ぶりでたっぷり入るサイズなのに、高台が細くて華奢。それはそれは美しくて、食卓に並べると、宙に浮いているように見えるんだよね。ところが……。安定が悪いから、下手をするとカクッとこける！　何度も煮物がこぼれ出し、とうとう「も〜、これは使わない！」と手放しました。こんなふうに見た目のかっこよさと使い勝手は必ずしも一致しないと知ったのも、実際に使ってみてわかったこと。

すると40代半ばから、すとんと器が欲しくなくなりました。個展で素敵なものを見かけても、「ああ、これは盛り付けるとこんな感じに見えるだろうなあ」と想像がつくようになってきたんだよね。それまで「使ってみないとわからない」と思っていたけれど、「使わなくても、なんとなくわかる」ようになってきたのかも。それは、たくさんの器を使った経験のストックができて、新しいものと出合った時、例文を引き出して比べることができるようになったからだなあと思います。

一方で、洋服にはあんまりお金を使ってこなかったので、いまだに何を選んだらいいか、迷ってばかりです。あのシャツとこのシャツのどちらが似合うのか……。やっぱり買ってみないとわからないんだよね〜。

だとすれば、「経験をお金で買う」というのは、真実だと思うのです。人は、お金を出して欲しいものを買うと思い込んできたけれど、「お金＝欲しいもの」と等価交換ができるようになるためには、経験が必要なんだよね。何に、どれぐらいのお金を使うのが正解なのか、それを理解するまで、人はレッスン料を払うのだと思います。人生の半分以上は、レッスン料を払っているんじゃないかなあ。そうやって、やっと自分が何を欲しいか「判断」ができるようになり、適正価格で必要なものをきちんと手に入れることができるようになる。自分のお金を使うにも、訓練が必要なんだよね。

今どきの若者は、景気が下向きの時代に生まれたから、経済観念がしっかりしていて、なかなか無駄遣いをしないと聞いたことがあります。ミニマリストという生き方も、素晴らしいと思います。でも、私は無駄なお金もたくさん使ったけれど、あのえいっと清水の舞台から飛び降りた瞬間って、なかなかよかったなあと思っています。「こんなに高いもの、買っちゃって大丈夫かな？」「来月の家賃、払えるかな？」と、ドキドキしながら支払いをし、大切に抱えて家に持って帰って、包みを開けた時のワクワク感といったら！

お金の使い方は人それぞれ。ちゃんと貯金はした方が絶対いいし、ものを増やしすぎると暮らしにくくもなります。私たちはお金を使いながら、どんな価値観を持ち、何を喜びとして暮らすかを、ブラッシュアップしているようにも思えます。

no.18

［20代の私］

上手にメイクをしてきれいになりたい。

50歳を過ぎれば、引き算が大事。メイクよりスキンケアに重点を。

できれば身なりを小綺麗にし、感じよくいたいと思うよね。若い頃は、こんな私もメイクにすご〜く時間をかけていたなあ。より肌がきれいに見えるファンデーションをあれこれ試し、目がぱっちり見えるよう「シャネル」の4色アイシャドーを駆使し、アイラインを引き、リップにグロス、チークとフルメイク。20代は腰までのロングソバージュで、毎朝ムースでがっちり固めて出かけていました。

ひたすらモテるため……。そんな攻めのメイクやヘアケアもいいけれど、50歳を過ぎた今思うのは、ポイントさえ押さえれば、メイクってそんなに一生懸命しなくていいってことです。以前取材させていただいたヘアメイクのプロが口をそろえて言っていたのは、「ファンデーションは塗らない」ということでした。え〜、それって服を着ないで外出するのと同じで、恥ずかしい〜と最初は思ったんだよね。

でも、よく考えてみたら、「しなくちゃいけない」という思い込みだったのかも？　そこで、50歳を過ぎて思い切って日焼け止めだけにしてみました。すると不思議！「最近、イチダさん肌がきれいだよね〜」って言われることが増えました。歳をとって、ファンデーションを塗りすぎると、逆にシワや毛穴がより目立ってしまうことがあるんだよね。「素肌っぽい」方が、きれいに見えることもあると学びました。

更年期になるとホルモンのバランスが変わり、肌の調子も今までとは変化するもの。そうなると大事なのはメイクではなく、自分に合うスキンケアを見つけること。試行錯誤した結果、私が行き着いたのは「たくさんは必要ない」ということでした。いろんなアイテムをどんどん投入すると、いったい何が効いているのかわからなくなってきます。

それよりも「自分の肌を信じてあげる」というのがいちばんよさそう。人間の体って、自然に新陳代謝を繰り返しているから、そのメカニズムをなるべく壊さないように。過度にケアするよりも、肌本来の力できれいになれるように。そのために有効なのが引き算かなあと思います。今、私が使っているのは、クレンジングと保湿用のローションの2本のみ。ただし、ケミカルな成分を含まないものを。

こうして肌の調子がある程度よくなると、上からファンデーションをはじめ、あれこれ塗らなくてもよくなるというわけです。ただし、大事なのは眉毛！　眉を上手に描くって本当に難しいよね〜。ある時、ヘアメイクさんに「眉毛だけは、たくさん道具を使った方が自然の眉に近い状態に描けるんですよ」と教えてもらいました。まずはペンシルで、眉の下と左右の端のラインを描きます。その後、筆にパウダーを付けて全体を描き、最後に眉用のマスカラで髪の毛に合わせた色をのせて完成！　今は太眉の時代なので、私も以前よりずいぶん太く描くようになりました。さらに私の場合、左右の眉の高さが違う！　これにはずっと悩まされてきましたが、これもヘアメイクさんに「眉頭から鼻の方向へほんのわずかだけ描き足すといいよ」と教えてもらい、やってみるとすごくいい感じに！　眉を描くポイントは眉頭！と今は思っています。

よくおしゃれな人はマスカラを欠かさないといいますが、私はなぜかマスカラを塗ると目が痒《かゆ》くなってしまうので、イベントやトークショーなどに登壇する時だけマスカラとアイライナーを使っています。最後にリップをさっと塗って終了。

若い頃はいかに「盛って」自分以上に美しく見せるかが最大の関心事だったけれど、歳を重ねると、素の自分とメイクした自分にあまりに大きな差があるのは、痛く見えちゃうんだよね。私は私以上になれないと諦めることも実は大事なのかも。その上で、ちょっとだけ感じよく、そして清潔感があるように。そんなポイントを自分で見つけられればいいなあと思っています。

no.19

［20代の私］

大雑把だから掃除が苦手。
でもすっきりきれいに暮らしたい気持ちは満々。

「こんな私でもできること」
を見つけたら、
部屋はきっときれいになる。

部屋をきれいにキープするなら、几帳面にならなくちゃと思っていませんか？　でもね、大雑把な人が、その性格を変えるなんて所詮無理！「頑張って掃除する」のでは、絶対に続かないんだよね。私は何度も失敗を繰り返し、ようやくそのことがわかってきました。部屋をきれいにしたいなら、「こんな私でも」続けられることを見つけることがいちばんの近道。

まずは「汚れる前」に「汚れない工夫」をしておくのがおすすめです。「どうして汚れるのか？」をよ〜く観察してみます。洗面所に置きっぱなしの歯磨きカップ。ハッと気づいたら、裏がヌルヌルで、中に黒いカビの点々が……。その原因は、常に水で濡れているから。だったら、からりと乾かせばいい。そこで「マーナ」の吸盤付きスタンドを洗面ボウル上の壁面に取り付け、カップを逆さまにしてひっかけられるようにしたら、ヌルヌルドロドロから解放されました。こんなふうに「手間なくきれい」をキープしてくれるグッズを見つけ出すとラクチン。でも、すぐにいいものと出合えるわけじゃないんだよね。実は、歯磨き用カップも、ずいぶん時間をかけて探しました。プラスチックではないものがいいなあと、ガラスのコップを選んだら、水道水のカルキのせいで白く曇ってきたんだよね。次は木製のカップにしたんだけれど、黒いカビが発生……。こりゃいかんと、「無印良品」で真っ白な陶器のカップを見つけて、今はこれをリピート買いするようになりました。

キッチンではずっと「ラバーゼ」の水切りかごを使っていましたが、どうしてもステンレスのワイヤーの間に白い水垢《みずあか》がたまってしまうんだよね。一日の最後にきちんと拭いて、乾かせばいいんだけれど、疲れているとついサボりがち……。一度ついた水垢は、たわしで擦《こす》っても落ちません。そこで、もう水切りかごを使うのはやめよう！とマイクロファイバークロスで作られた吸水性のいい水切りマットを買ってみました。ところが……。今度は水分をたっぷり吸ったマットを乾かすのが大変！　これじゃあ、かえって清潔に保つのが大変じゃん！とさらに探して、やっとシリコン素材のラックを見つけました。使わない時はくるくる巻けば場所を取らないし、手入れが簡単！こんなふうに自分の暮らしにフィットするものは、時間をかけなくちゃ見つからないんだよね。「すぐに欲しがり」の私は、この頃やっとその時間を待てるようになりました。

丁寧な暮らしをするには「雑巾で水拭きしなくちゃ」って思ってない？でもね、そこまで自分を信頼しちゃダメだよ。毎日丁寧に雑巾で水拭きできると思う？　できないよね〜（笑）。私は、部屋のホコリは、「クイックルワイパー」のハンディタイプのモフモフでさ～っとなでるだけ。書斎のデスクの上は、毎朝仕事を始める前に厚手のウェットティッシュで拭いています。「雑巾」を手放したら、洗う手間がないので、気楽に毎日続けられるようになり、ホコリがたまることはありません。

掃除を無理なく一日の流れに組み込むことも、なかなか有効です。「ここから掃除時間」と決めてしまうと、「あ～あ」と気が重くなるでしょう？そんな時には、掃除を小分けにして、「いつも」の中にちりばめてみればどうかな。朝起きて顔を洗い終わったら、洗面ボウルに洗剤をシュシュッとスプレーしてマイクロファイバークロスでひとなでし、シャワーで流して終了。洗顔、歯磨きと掃除をセットにしたら、いつも洗面ボウルをピカピカに保つことができるようになりました。

心地よく暮らすために必要なことは「罪悪感」を手放すことなんじゃないかなあ。掃除には「正しい」「間違い」なんて区別はないはず。だから「こうじゃなきゃ」という思い込みを捨てて、誰かに「え〜、そんな方法で！」と言われたって気にせずに、「これでいいじゃん！」と自分で自分の部屋を心地よく整えるオリジナルな方法を生み出すことが大事。暮らしを作るって、とてもクリエイティブなことなんだと思います。

no.20

［20代の私］

毎日ご飯を作り続けるのがつらい。

「おいしい」って、そんなに高度なことじゃない。

若い頃は、どこのカフェやレストランがおいしくて、どんなメニューが話題になっていて、と食べることも「トレンド」のひとつだったなあと思います。ファッション、男の子のこと、就職、そして未来への不安。考えることがいっぱいあって、「家で何を食べるか」なんて、二の次、三の次でした。

母がご飯を用意してくれているのに、連絡もせず「友達と食べてきちゃった〜」なんて、今から考えればよく言えたよねって思います。今、夫がそんなことをしたら、激怒するだろうなあ。あのね、あなたのお母さんが毎日ご飯を作ってくれるって、当たり前のことじゃないんだよ。それって、何よりもありがたいことなんだと、あの頃の私に言ってあげたい……。夕飯に何を作ろうか？と考えて買い物に行き、準備をして、家族が帰ってくる時間に合わせて温かいものを温かく出す。「ただいま〜」と私たちが座る食卓には、そのずっと前からの時間がつながっているんだよね。そのことに、自分が料理をするようになって、初めて気づいたなあ。

実家を出て自分でご飯を作るようになってからも、最初のうちは慣れないから、料理本や雑誌を見て、新しいおかずを作るのが楽しかったもの。実家では使ったことがなかったハーブや、ナンプラーや豆板醤などの調味料を使っては、「わあ、こんな味がうちでできるんだ!」と感動しました。魚の塩釜やオーブンで作るスペアリブなど、凝った料理にも挑戦したなあ。でもさ、ご飯作りって毎日なんだよね。毎日毎日張り切っては作れないってことに、だんだん気づきました。

仕事が忙しくて帰るのが遅くなると、作るのが億劫《おっくう》になります。以前はよく夫と待ち合わせて外食をしたけれど、コロナ禍でそれもできなくなり、毎日必ず家で作らなくちゃいけなくなったんだよね。しかも、スーパーに行く回数も極力減らしていたから、食材の買い置きをするように。それまで「食べたいものを考えてから買い物に行く」という毎日だったのに、私が苦手な「あるもので作る」という生活になりました。

するとと、凝ったものは作れないから、自然に簡単なおかずになります。野菜を蒸しただけだったり、肉や魚を焼いただけだったり。でも、それが意外やおいしかったんだよね〜。夕暮れ時、まだ外に明るさが残っているうちからキッチンに立ち、冷蔵庫を覗《のぞ》いて「今日はキャベツと豚バラで野菜炒めにしよう」とか次の日は「残りのキャベツを千切りにして豚バラで巻いて蒸し、ポン酢で食べよう」とか。わあ、もう冷蔵庫が空っぽになってきたと思いながらも、「あれとこれとで」と作ってみれば「お〜、立派な一品になったじゃん！」とワクワクしたり。

そんな中、少しずつ「おいしい」ってことの定義が変わってきたんだよね。毎日同じような食材でも、トマトときゅうりを切って塩麹で和えただけなんていうお手軽料理でも、ちゃんとおいしい！　料理って、手をかけたからとか、時間をかけたからとか、いい食材を使ったからおいしくなるわけじゃないんだとわかってきました。

家のキッチンで火と水を使い、手を動かして作ったなら何でもおいしい！　そう思えば、日々のご飯作りのハードルがぐっと下がったんだよね。「おいしく作ろう」と力まなくても、「家で作れば、何だってそこそこおいしいんだよ」と思うだけで、こんなに気がラクになるなんて！と驚きました。塩麹と胡麻油で生野菜を和えるとか、炒め物の最後にちょっとだけナンプラーを足すとか、いつものチキンの甘辛ソテーに酢を加えてみたら、さっぱり仕上がるとか。そんなちょっとおいしい足し算を知っていれば、よりハッピーに。「おいしい」ってね、そんなに高度なことじゃないんだよ、きっと。トマトにおいしい塩をふっただけ、蓮根をこんがり焼いただけ。私はこれから、そんな身の回りの「小さなおいしい」を再発見したいなあと思っています。

no.21

［20代の私］

花って花屋さんで買うもの。

育てた花を飾るって幸せ。
育ったまんまの姿で花瓶に生けると
いちばん美しい。

まだ寒い春先の水仙、クルクルとした蔓《つる》の中で凛と咲く鉄線《てっせん》、ひと雨ごとに色を変える紫陽花《あじさい》、秋風が吹くと恋しくなる秋明菊《しゅうめいぎく》……。季節の花を部屋に飾ると、停滞していた部屋の空気が動き始める気がします。

若い頃は町の花屋さんで、色とりどりの花を眺めながら、「え〜っと、あれとこれと……」と選んで、胸に抱えて帰るのがワクワクしたもの。でも、フラワースタイリストの平井かずみさんに教えてもらったのは、庭の花を生ける楽しさでした。お店で売っている花は、しゃき〜んと真っすぐ立っているでしょう？　でも庭の花はあっちを向いたり、こっちに首をかしげたり。短かったり長かったりと不ぞろいです。でも「それが植物本来の美しさ」と平井さん。生ける時にも、お手本は自然の中の植物の姿なのだそうです。太陽の方へピューンと伸びている花は、その形のまま生ける。クリスマスローズのように下を向いて咲く花は、脚の長い花器に挿し、下から見上げる位置に置いてみる。枝の花を、同時期に足元に咲いている小さな花と一緒に生ける、などなど。

この話を聞いてから、少しずつ鉢植えを買ってきて庭に下ろして育てるようになりました。面倒くさがりな私に育てられるかな？と心配だったけれど、地植えにすると、勝手に育ってくれるものなんですね〜。いつの間にかいなくなってしまった子もいるけれど、毎年花を咲かせる宿根草を中心に、山芍薬《やましゃくやく》、桔梗《ききょう》、ほったらかしでも育つハーブなど、季節ごとに楽しめるようになりました。

朝、小さなはさみを持って庭に立ち、パチンをひと枝切って花瓶へスポン。たったこれだけなのに、「うわ〜、いい感じに生けられたじゃん！」と自画自賛するほど、美しい姿を見せてくれます。これが、庭の花のいいところ。グイ〜ンと曲がった茎の上にポツンと一輪開いた花の姿は、こちらが何もしないのにベストなバランスで花瓶に収まってくれるんだよね。

一見ただの草のように見えるハーブも、小さな花をつけます。ローズマリーの薄紫色の花、タイムの白い花、ディルの黄色い花。庭ではモシャモシャに見えるけれど、切り取って小さな花瓶に入れてみると、その可憐な姿が玄関先や部屋の片隅に飾るにはぴったり！

逆に、久しぶりに買ってきた花を生けようとすると、なんだか決まらない。こっちをもう少し短くして、あっちはもうちょっと傾けてと、あれこれ微調整するうちに、訳がわからなくなってきます。整いすぎた花を生けるには、技が必要なんだなあと思い知りました。

冬になり姿を消し去った植物が、季節になるとちゃんと芽を出して葉を繁らせ、花をつけると、その不思議に毎年感動します。自然が豊かな山に小さな家を建てて暮らしてみたいなあと憧れることもあるけれど、大自然相手に暮らすのはきっと大変。我が家の庭は、雑草を抜いたり、伸びすぎた紫陽花の枝を刈り込んだりと、すべてを夫がやってくれています。私ひとりだったらとても無理！　そんな私にとっては、庭のほんの片隅の地面で好きな花を育てるという規模が合っているのかも。本物のガーデナーの方々が見たら、笑っちゃうほどのちっぽけさだけれど、そんな小さな庭でも、植物が「生きている」ことを感じることができるんだよね。人間とは別の次元で、自然の巡りと共に命をつないでいく草花がある……。「自然」を感じるということは、大きな森の中でも、私のちっちゃな庭でも、きっと同じはず。そこから一輪花を摘んで部屋に飾る……。そんなひと手間で、忙しい毎日の中で曇っていた心がさらりと洗われる気がします。

no.22

［20代の私］
これでいいのかな？と、
おしゃれになかなか自信が持てない。

おしゃれを進化させるのは、センスでも知識でもなく素直さなのかも。

何を着ても似合わない。新しい服を買っても買ってもおしゃれになれない。そう悩んでいませんか？　それはね、たぶんあなたが「おしゃれ」というものの定義をちょっと勘違いしているからじゃないかなあ。私はずっとおしゃれって「センスのいい服を見極めて、それを手に入れること」だと思っていました。だから、雑誌を見たり、素敵な人の着こなしを観察して、それと同じものを買いに走っていた……。なのに、どうも垢抜《あかぬ》けることができなくて、「そうだ！　上手な人たちに教えてもらおう！」と、２０１１年に50代以上の人のためのおしゃれの雑誌『大人になったら、着たい服』を立ち上げたのでした。

かっこいい先輩たちが教えてくれたのは、「おしゃれは、洋服を買うことじゃない」ってこと。そして、「選ぶのは、いたって普通の服でいい」っててことでした。若い頃は、「普通じゃつまらない」「人とはひと味違うおしゃれがしたい」と思いがちだよね。でも、取材でセンスのいい人のワードローブを見せていただくと、見事に「普通」だったんだよ！　そこから、私の「おしゃれ」への考え方がガラリと変わった気がします。

シンプルなシャツ、なんてことのない丸首のセーター、ネイビーやグレーのテーパードパンツ。そんな普通のアイテムを「どう」組み合わせるかが大事。グレーのワントーンコーディネートにして、襟元だけちらりと白いTシャツを覗《のぞ》かせる。ちょっときれいめのテーパードパンツに、スニーカーを合わせてあえてハズす、といった具合です。おしゃれは、そんなサイズや色の足し算引き算のこと。だから足し算しやすいように、ひとつひとつのアイテムは「普通」でいいってわけ。

でも、残念ながら「おしゃれ」には正解がないんだよね。組み合わせてみたけれど、これでいいのかなあと自信が持てないものでしょう？　そんな時は、周りの人に助けてもらうのがいちばんだと思います。セレクトショップで店員さんと仲良くなって、「どれが似合う？」と聞いてみてもいいし、友達に「この組み合わせどうかな？」とチェックしてもらってもいい。そうやって周りの声をどんどん聞くと、思ってもいない「自分らしさ」を発見できるかもしれません。

私はずっとメンズライクなものが似合うと思い込んでいました。でも、フリルの付いたブラウスやAラインのワンピースなど、ちょっと「かわいらしい」ディテールの服を着ていると「褒められ率」が高いことに気づいちゃった！　そっか、歳を重ねると、おばさんはどんどん「おじさん化」してくるから、ひと匙《さじ》でも女らしさ、かわいらしさがあった方がいいんだとわかってきました。今では、シンプルなアイテムに「かわいいアイテム」を1〜2割混ぜて買い物をしています。

自分を客観的に見ることってなかなか難しいし、年齢によって似合う色や形が変わってきたりするもの。だったら「私にはこの色が似合う」とか「この形じゃなくちゃ」という思い込みを、手放すことも大事なのかもね。自分の「軸」を持つことは大事だけれど、人の言葉に耳を傾け、それをちゃんと取り入れられる「素直さ」が、おしゃれを進化させるんじゃないかなあと思うこの頃です。

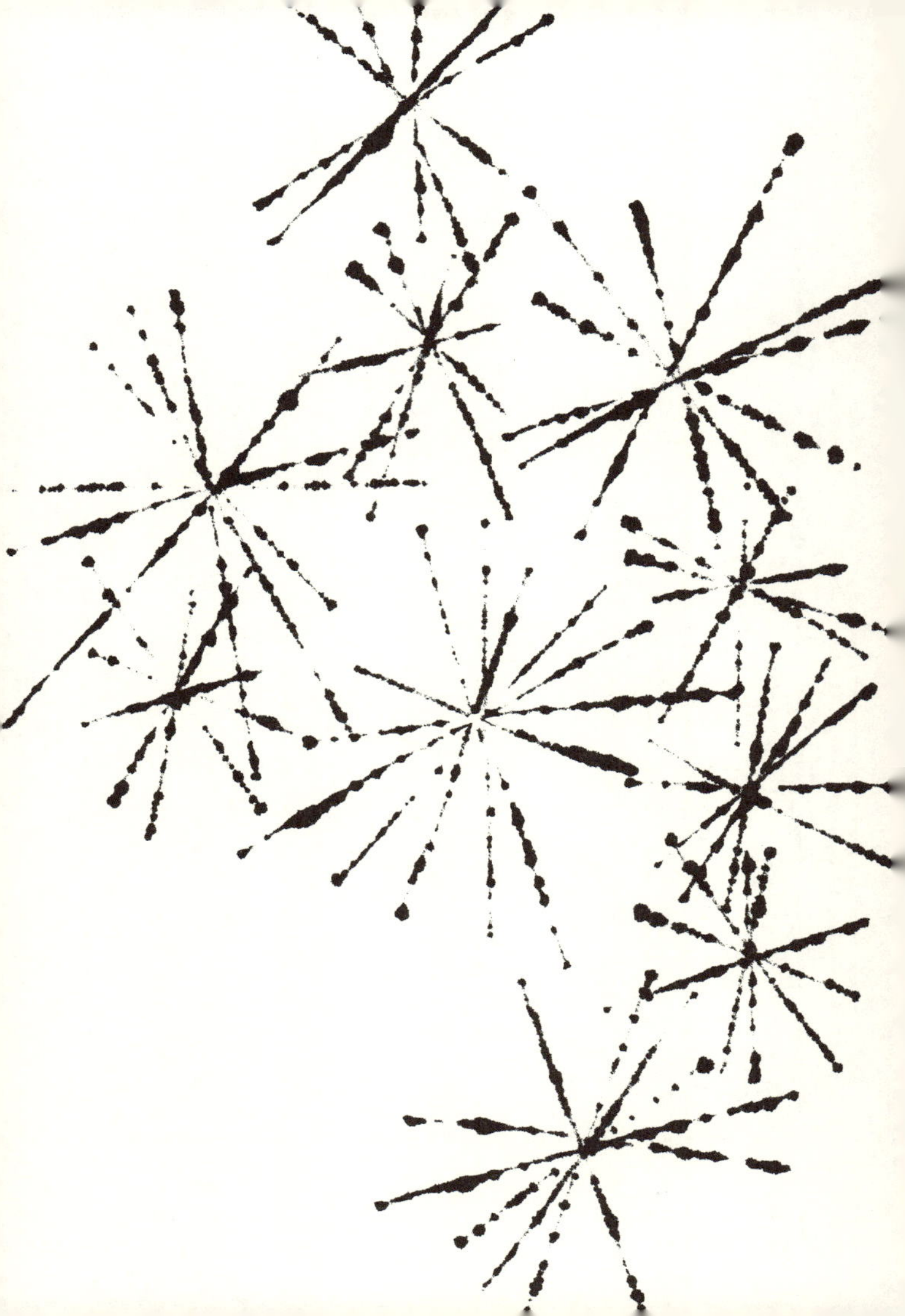

no.23

［20代の私］

やったことを振り返るより、
前を向いて走り続ける方が楽しい。

「いいこと」は、ノートを使って何度も味わわなきゃソンなんだよ！

「昨日読んだ本に、すご〜く感動することが書いてあったんだけれど、なんだったっけなあ？」「そうだ、前回あの人と会った時、とってもいいアドバイスを受けたんだよなあ。あれ、なんだったっけ？」。こんなふうに自分の記憶力の乏しさに唖然《あぜん》としてしまうことってない？　せっかく感動したことも、得た知識も、出会いも、手の中からサラサラと滑り落ちる砂のように、いつの間にか姿を消してしまうんだよね〜。ああ、もったいない！

今、私は日常のあれこれを綴るノートを作っています。生活の中に組み込もう！と決意したのは50代半ばのこと。ふたりの片付けのプロとの出会いがきっかけでした。

ひとりは鈴木尚子さん。鈴木さんは専業主婦だった頃、子育てがつらくて、当時荒れ放題だった部屋の引き出し1個を片付けた経験をもとに、ライフオーガナイザーの資格を取って起業したという経歴の持ち主です。私が出会ってからも、人生後半によりよく歳を重ねるための「Agewell」というコミュニティを立ち上げたり、新しいセミナーを開催したり……と、どんどん進化を続けていたんだよね。

取材をきっかけに知り合って、その後一緒にご飯を食べに行くことになりました。私がどうしても鈴木さんに聞いてみたかったのは、「歳をとってもずっと〝枯れない〟でいるにはどうしたらいいの？」ってこと。

そこで教えてくれたのが「振り返り」という方法でした。実は私はコレが大の苦手だったんだよね。終わった時間はもう戻ってこない。だったら振り返るよりも「次」を考えて、前に進んだ方がいいじゃん！と思っちゃうから。でも、鈴木さんはセミナーを開催しても、打ち合わせに出かけても、ママ友とお茶を飲んでも必ず振り返りの時間を取り、次を「よりよくする」ための種を拾うのだとか。「そこで気づくことって、限りない財産ですよ！」と聞いて、「鈴木さんがそこまで言うなら」と真似してみることにしました。

ノートを広げ、一日を振り返ってみる……。すると、振り返ることなんて興味ない！と思っていたのに、「電車の中で見かけたあの老夫婦、いい感じだったなあ」とか「あの人と会って、もう少しこういうことを話せばよかったなあ」と次々にいろんなシーンが鮮やかに浮かんできてびっくり！　ノートを広げなかったら記憶の沼の底に沈んでいたものを、ペン１本で掘り出している気分でした。そうか、こんなにも私は「やりっぱなし」の結果、取りこぼしていた宝物がたくさんあったんだと、やっと気づいた次第。

もうひとりが片付けのプロであり、オリジナル商品のショップを運営する

「ＯＵＲＨＯＭＥ」のＥｍｉさん。彼女も「マイノート」と名付けたノートを作っていると知り、いったいどういうものなのかが知りたくて、「マイノートの作り方」というオンラインセミナーに参加してみたんだよね。そこで知ったノートの使い方は、「いいこと」をノートに書き留めたら、必ず線を1本引いて、その下に「自分の意見」を書くということ。

「書き留めるだけだと、ただの言葉のコレクションで終わってしまうんです」とＥｍｉさん。線の下に「自分」で考えたことをひねり出して書いてみると、思考がもうひとつ深まって、「誰か」の言葉を「私」の言葉に変換して残すことができるんですって。

新しいことと出合うのはワクワクするし、世界が広がっていくのは楽しいから、どんどん扉を開けたくなるけれど、時には扉を閉めて、「自分」という部屋の中に入れたものを点検してみる時間が必要なんだよね。それがノートに書くっていう作業なんだということが、やっとわかってきました。世界って広げるだけでなく、あえて狭めて、そこを深く掘ることで、今までとは違う楽しみ方が生まれる……。「すでに持っているもの」をもう一度点検して、並べ直してみる。それを「成熟」と呼ぶんだなあと思います。

no.24

［20代の私］
シーツはリネンじゃなくちゃ！

おしゃれピープルと同じじゃなくてもいいんだよ。

毎日どんな布団で寝ていますか？　ひとり暮らしを始めたばかりの頃って、自分のためのシーツや枕をそろえるだけでワクワクするよねえ。私が「リネンのシーツ」の存在を知ったのは、30代の頃でした。当時、インテリア雑誌を中心にフリーライターとして独立したばかりの私は、なけなしのお金を叩《はた》いて、東京・新宿「オゾン」で開催されていたセミナーに通っていたんだよね。そこで教えてもらったのがリネン＝麻のシーツでした。吸湿効果にすぐれ、夏は涼しく、冬は暖かい。水を通すたびに丈夫になって、使い込むとトロリとした肌触りになる……。そんな話を聞いて、欲しくてたまらなくなりました。おしゃれなライフスタイル誌でも少しずつリネンのよさが特集されるようになっていました。

今から20年以上前は、今のようにリネンはポピュラーではなく、売っているお店もほとんどなかったんだよね。リネンにもいろいろな種類があり、上質なものはびっくりするほど高価。でも、どうしてもその寝心地が試してみたくて、１枚5～6万円もしたシーツを買ったのでした。１枚しか買えなくて、朝洗濯して夕方取り込んでベッドメイクするという日々だったなあ。確かにさらりとした肌触りは心地よくて、うっとりしながら布団にもぐり込んだものです。

そのうち、だんだんリネンが流行りだし、いろいろなショップでもっとリーズナブルに手に入れられるようになりました。若い時は、「おしゃれピープルは、リネンじゃなくちゃ」と思い込んでいたけれど、歳を重ねるうちに「じゃあ、リネン以外はダメなの?」と、もう少し広い目で見る余裕が出てきました。それで、今度は「無印良品」で、１枚3000円ほどのコットンのシーツを買ってみたんだよね。そうしたらね、「これでいいじゃん！」って思ったんだよ。

今は、夏はさらっとしたリネン、冬はちょっと暖かいオーガニックコットンのシーツを使っています。どちらも「無印良品」のものです。もっと上質で高価なものはたくさんあるけれど、私にはこれで十分かな。やっと「なんとなくおしゃれ」なイメージに流されず、自分の使い心地と管理のしやすさで選べるようになりました。

もうひとつ、寝具の中で大事なアイテムが掛け布団だよね。軽くて暖かいのは、やっぱり羽毛。私は実家からもらった羽毛布団をずっと使っていましたが、実家セレクトだから、なんとワインレッドの柄物！　普段は白い掛け布団カバーをかけているから色や柄は見えないけれど、カバーを洗って布団を干すたびに、げんなり。その布団を20年以上使ったかな。

羽毛がだんだんペタンコになり、そろそろ買い替えなくちゃいけないのかな？と考えていた時に、「布団の打ち直し」というものがあると知りました。一度布団カバーをほどいて羽毛を出し、洗って、必要があれば新たな羽毛を充填《じゅうてん》し、そしてまたカバーをかける……というもの。これだ！と思いました。

今は便利になって、ネットで申し込むと布団が入る大きなカバーが送付され、その中に入れて送れば、きれいになってまた送り返されてくるそう。ただ、結構値段が高い！　1枚3万円ちょっとで、2枚出すと6～7万円になります。躊躇《ちゅうちょ》していると、布団屋さんのホームページ内の説明で、打ち直しの際に布団カバーを好きなものに替えられると知ったんだよね。お～、そうか！　だったらあのワインレッドの柄物が真っ白に替えられる！　これで決心がつき、エイッと申し込んだのでした。

これが大成功！　2枚の羽毛布団を送ったら、両方をほどいて羽毛を合わせ、等分にした後、「もうちょっと増やした方がよりよいかもしれません」と連絡をもらい、増量を決定。こうしてやっと届いた羽毛布団は……。包みを開けると、長年憧《あこが》れ続けた真っ白な布団が登場！　さらに、かつての倍近くの厚みになって、ふんわりしていることといったら！　もうその美しさ、柔らかさにびっくりでした。

早速、その布団で寝てみると……。以前の布団とは比べ物にならないぐらい暖かいんだよ。空気を孕《はら》んでふっくらすると、こんなにも軽やかで暖かいんだと感動！　こんなに寝心地が変わるなら20年間も我慢しないで、もっと早く打ち直しに出せばよかったなあとしみじみ思いました。ちなみに、今は夏も薄手の羽毛の掛け布団を使っています。通気性のいい羽毛布団は、夏にもおすすめ！

寝具って、誰に見せるものでもありません。でも、仕事や家事で頑張って、やっと一日の終わりにベッドに潜り込む。その時のシーツや布団が極上のものだったら……。自分で自分を大事にするって、きっとこういうことなんだよね。睡眠の質が上がると、朝の目覚めまですっきりシャッキリと変わります。あなたも洋服を買うのを1～2枚我慢して、寝具を整えてみるのはどう？　きっと幸せ度がアップすると思うよ！

どこかの誰かが使っている「おしゃれっぽい」ものより、自分が気持ちよく、我が家らしく使えるものがいい。たくさん真似してみた後で、やっとたどり着いたのは「自分の時間」を主役にしたもの選びでした。

part 4

人とのかかわりで わかること

no.25

［20代の私］

人と同じ道から外れちゃいけないと焦る。

「人と違う」ってことは、「私らしさ」という個性になるんだよ！

そこそこの大学を出て、そこそこの会社に就職し、いい人と出会って結婚し、子どもを産む。そんな「正解」から外れずに歩くためには、どうしたらいいんだろう？　優等生だった私は若い頃、真剣にそんなことを考えていたなあ。今のように生き方や仕事に多様性が認められていなかったこともあるけれど、親の価値観からなかなか抜け出せず、でも「何かが違う」とも思っていたんだよね。

フリーライターとして仕事を始めて、いろいろな人と出会った時、「正解への道」ってひとつじゃなかったんだ！と愕然《がくぜん》としました。そこで出会ったのは、それぞれ「自分の道」を歩いてきた人ばかり。高校卒業後、専門学校に行って、スタイリストとして雑誌で素敵な仕事をしている人もいたし、働きながらお金を貯め、フランスに行ってお菓子の学校へ通った人もいました。

若い頃、私の周りには同じような人種しかいなかったけれど、世の中にはこんなにもいろんな道があったんだ！　それは大きな発見だったんだよね〜。以前インタビューをさせていただいた、400mハードルの日本記録保持者で、3度のオリンピックに陸上競技で出場した為末大《ためすえだい》さんが、こんなふうにおっしゃっていました。

「『今の人生』の横に走っている『別の人生』がある。それに気づけば、もっとラクに生きられるはず」って。

ひと回り視野を広くして、いろんな人と出会う中で、私が知ったのは「人と同じじゃなくてもいい」ってことでした。もっと早く言ってよ〜と思ったなあ。だって私は若い頃、みんなが歩いている「正解への道」を早く見つけて、乗り遅れないように仲間入りしなくちゃいけない！と思い込んでいたから。大多数の人が「正しい」とする道から外れるのが怖かったんだよね。でもね、心の中で「私だって、私らしく生きていきたい」とも思っていた。

あのね、最近やっとわかったんだけど、「私らしく」ってことと、「人と違う」ってことは、イコールなんだよ。びっくりでしょう？　人と同じことをやるなら、いつまでも誰かの人生をなぞる生き方しかできない。人と違うことを見つけて、それを自分の力で見つけて磨けば、やっとそれが「個性」という形で輝く……。そんなことが、50歳を過ぎてやっとわかったんだよね。ずいぶん時間がかかっちゃったなあ。

人と違うことをやるって、怖いんだよね。お手本がないから失敗するかもしれないし、どんなふうに評価されるのかもわからない。失敗や人の目なんて気にしなくていい！って言うけれど、やっぱり不安だよね。そんな時は、

「何をやったら、自分が全力投球できるか」を考えてみるのはどう？「誰かに褒めてもらえそうだから」「これだったらうまくやれそうだから」と、ものさしを他人に渡してしまったら、自分が持っている力すべてを出しきれないと思うんだよね。どこかに「計算」が潜んでいて、別の自分が力をコントロールしている感じ。

でも、漫画オタクの子どもが世界的なアーティストになったり、コンピューターの分解が大好きな少年が、ＡＩの第一線で活躍しているでしょう？そんなビッグなことを成し遂げなくても、パン屋さん巡りが大好きだったら、それを突き詰めればいいと思うし、家族の時間が何より大事という人だっているよね。

日々の暮らしの中でも、あの人と同じように掃除をちゃんとやらなくても、素敵な器を買って素敵な食卓を作らなくてもいい。一日の過ごし方だって「人と違う」ことを見つけて、自分らしく毎日を構築していけたらすごく楽しいと思うんだよね。

もうひとつ「個性」には、「欠点」が大きく作用するってことを最近知りました。たとえば「飽き性」という欠点は、「新しいものを次々に発見できる」という長所になるし、「人前で話すのは得意じゃない」というのは「黙々とひとりでひとつのことを突き詰める」という長所にもなるよね。「欠点」って気がついたら「やってしまっていること」でしょう？ 私が編集ディレクターを務めるムック『暮らしのおへそ』でインタビューさせていただいた女優の片桐はいりさんが、「個性って、流しても流しても流れない、トイレのこびりかすのようなもの」とおっしゃっていて、なるほど～って思いました。そんな無意識な「癖」って、大きな力となると思うんだよね。否定せずに肯定してみると、素晴らしい「個性」に変身するはず。

だからあなたは、どうぞ若い時から、人と違うことを探してみて！　誰もやっていないことをやるって、最初は心がす〜す〜するかもしれないけれど、先が見えない道で、ひとつずつ足元を確かめながら進むからこそ、その過程で発見することすべてが力となって蓄えられると思います。そして、それを「こんなこと見つけたよ！」って人に伝えるプロセスも、自分らしさを育ててくれる糧になるんじゃないかな？　私もちょっと遅いかもしれないけれど、これから「人と違うこと」を見つけてみようと思っています。

no.26

［20代の私］

気がつくと、周りの人の欠点を探し、
批判の目で見ている自分がイヤになる。

人を下げて、
自分を上げていませんか？

ふと気がつくと、周りの人の欠点ばかりをあげつらっている自分にハッとすることはありませんか？　そして、同じ人に会っている友人が、その人の「いいところ」をちゃんと見つけて褒めているのを聞いた時、私って今までなんて意地悪な視点しか持っていなかったんだろう……と反省することってない？

周りにいる人の「いいところ」を見つけたいのに、どうして「足りないところ」に目がいって、批判の目でばかり相手を見てしまうんだろう？　それを私は長い間、「〝良い〟〝悪い〟を見極める目が厳しいから」だと思っていました。つまり、何でも「すごいねえ〜」と褒める人は、持っているものさしが甘い。そう考えていたんです。とんでもない思い上がりだよねえ。

ある時、もしかして「いいこと探し」ができないのは、私が「負けたくない」からなんじゃなかろうか?と気づいた時、唖然としてしまいました。そう、「人を下げる」ことで、「自分を上げたかった」だけなんだよ……。私は優等生体質なので、人に褒めてもらうことが大好きです。だから、知らず知らずのうちに、隣にいる人より「私の方がすごいもん！」というヘンな競争意識が発動し、どんな素晴らしい人と会っても、どこかに「自分よりできていないこと」を見つけようとしていた。そうして「よし、自分の方が上だ」と安心したかったのかも。なんてこった！

でもね、そんなふうに「誰かの上に立つ」という接し方をしていると、独りぼっちになっちゃうんだということに気づき始めました。私の周りの素敵な人たちは、知り合う人とどんどんつながって、何かを教えてもらったり、互いに「できること」を交換し合い、新しい扉を開けていたんだよね。いいなあ、私も仲間に入りたいなあと思った時、ああ、そろそろ「負けず嫌い」を卒業し、隣の人と手をつなぎたいと思ったのでした。

ある人が、感情マネジメントで大切なことは「相手に悪意を想定しないこと」と書いていらして、なるほどなあ〜と思いました。つまり、私たちの周りにいる人は、大抵が気持ちの優しい、いい人だと信じていいってこと。これを聞いてずいぶんびっくりしたなあ。だって私は、「信じているのに、冷たい仕打ちを受けたらよりつらいから、自分が傷つかないように、相手を信頼しすぎるのはやめよう」って、どこかでブレーキをかけてきたから。「きっとみんないい人」と思えば、誰にでも笑顔を向けられるし、心のガードを外して、話し方さえ変わってくる気がします。

あの人より「上」とか「下」とか、そんな関係を手放すために必要なことたは、相手をジャッジしないということなんじゃないかなあ。段取りが悪くたって、決断力がなくたって、それがその人の個性だと思えばいい。段取りの悪さの裏側には、みんなの意見を尊重する優しさが潜んでいるかもしれないし、決断力のなさの奥には、粘り強さがつながっているかもしれないでしょう？　それが「悪意を想定しない」ってことにつながる気がします。

「私の方が……」という優越感を手放す練習をすれば、周りにいる人の「いいところ」をたくさん拾い上げ、誰かと一緒にハッピーになれるかも。オセロを黒から白へ変えるように、世界を見る目をくるりとひっくり返したいなあと思っています。

no.27

［20代の私］

年上の人やエライ人の前で、
ついいい格好をしてしまう。

無知でも、経験がなくても、
そのまんまの「自分全開」で。

年上の先輩や会社のエライ人の前でも相手を笑わせ、マイペースでおしゃべりできる人って、すごいなあと思わない？　「もう、何やってんだか」とみんなに笑われながらも、愛されキャラで。あなたはそんな姿を見ながら、私もあんなに無邪気になれればいいなあ、でも無理だなあと思っていない？

私は、年上の人と付き合うことがちょっぴり苦手です。相手の方がすごいんだから、「え〜、すご〜い！」と素直に言えばいいだけなのに、そして、どんなに頑張ったってかなうはずなんてないんだから、中途半端に張り合わないで、「わかんな〜い」と降参すればいいのに、なぜかいい子ぶってしまう。無知な自分が恥ずかしくて、それがバレるのが怖くて、自分を隠したり、言葉を濁したり。なのに、ちょっとは自分を認めてほしくてモヤモヤする。

さらに、相手に気に入ってもらいたくて、不必要なほどご機嫌を取り、

「わ〜、え〜!」と大袈裟に驚いてみせ、「違う」と思っていても「そうですよね〜」と笑顔で相づちを打つ。そんな自分に嫌気がさし、ぐったりと疲れてしまいます。

そう、つまり年上の人の前で、私は「いいかっこしい」なんだよね〜。自分を自分以上に見せようとするから疲れる……と、わかってはいるけれどやめられない！

でも、自分が「年上」と言われる年齢になったこの頃、ああそうか！とわかったことがあります。最近、20代、30代の女性カメラマンと仕事をすることが増えてきました。また一緒に仕事がしたいなと思うのは、目をキラキラさせて、いろんなことに興味を持つ子。「え〜、これめっちゃおいしいですね！」「この器、何焼きなんですか？」「へ〜、こんな作家さんがいるんですね〜」。私たちが当たり前に知っていることを、まだ彼女は知らなくて、でも「初めての遭遇」を心から楽しんでいる。その様子がかわいくて、微笑ましくて……。そっか、「ものを知らない」って、ちっとも悪いことじゃないんだ、相手に失礼でもないんだと知りました。

そして、なんとなく優等生的な受け答えをするよりも、「私、これが好きなんです！」と自分全開で話を聞かせてくれる子がいい！「古い家が好きでやっとアパートを見つけて借りたんです」とか「ひとりでバイクで出かけるのが好きで……」。そんな話を聞くのが面白いんだよね。そっか、背伸びなんかしないで、「そのまんま」でよかったんじゃん！

私は若い頃、「これが好き」と言うことが恥ずかしかったんだよね。「これが好き、って言ってる私ってどうよ」と、どう見られるかを気にして、ちゃんと「自分」を出すことができなかった。完全なる自意識過剰だったなあ。実力がないくせにプライドが高く、自信がないくせに年上の先輩たちに「負けるもんか」と思っていたのかも。

どんなに拙《つたな》くても、ものを知らなくても、若いその時しか感じられないこと、見えないことが必ずあるんだと、歳を経てわかるようになりました。だから大事なのは、「今の自分が持っているもの」をちゃんと握りしめること。無理に先輩と同じ土俵に立とうとせずに、自分は自分でいること。これは、人と向き合う時全般に言えることなのかもしれないね。

コミュニケーションって、誰かとレベルをそろえて話をすることではなく、同じものを「いい」と言うことでもなく、「自分しか持っていないもの」を交換し合うことなのだと、やっとわかりました。もっと早く気づいていたら、若い頃、素敵な大人たちと、もっと楽しく過ごせたかもなあ。これからは先輩でも後輩でも、異業種人だったり生き方や価値観が違ったりする人とでも、互いに持っているものを広げて見せ合って、「へ～！」「ほ～！」と楽しく眺め合えればいいなあと思っています。そうやって人とつながるためにも、まず「自分しか持てないもの」を探すことから始めなくちゃね！

no.28

［20代の私］
自分よりいいことを知っている人を見つけたら、
なんだか悔しい！

気づいたこと、知ったことは、
人に手渡すためにあるんだよね。

私はこっそり負けず嫌いです。この「こっそり」が曲者《くせもの》なんだよねえ。「はっきり」負けず嫌いなら、「あの人に負けないように私も頑張ろう！」とわかりやすくて、健全な気がします。でも「こっそり」は表に現れないからややこしい……。たとえば、誰かがエッセイやブログですごくいいことを書いていても、「私だって、そんなこと、とっくに気づいていたもん」と言いたくなる。別にそこで競い合う必要はないのに、自分が考えていたことを誰かが言語化したのを見ると、なんだか悔しくなっちゃうんだよねえ。

そんな時、こんな言葉を見つけました。「人の能力は優劣に関係なく、それを誰かを助けるために使えるかどうかが重要」。ハッとしました。そうか！　誰かより先に知っていることや、誰かよりたくさん気づいていることも、ただそれだけじゃ意味がない。早めに気づいたことがあれば、悶々と悩んでいる人にそっと教えてあげて、誰かよりたくさん気づいていることがあれば、「こういうふうに考えればラクになるんだよ〜」って、隣の人に伝えて初めて価値が生まれる……。

つまり、気づいたこと、知ったことは「自分の格付け」のためにあるんじゃなくて、人に手渡すためにあるということ。だったら、何かを手にしたら、どんどんパスしちゃえばいいってことなんだとわかってきました。

実は、私は何か新たなことを見つけたら「これ、いつかエッセイに書こう」と胸の奥の貯金箱にしまっていました。たまたま誰かと、それに似た話題になっても「このことは、今教えちゃうのはもったいない」と、あえて自分の考えを言うのを避けたりしたものです。なんてずる賢いんでしょう！

でも、そうやってぐっと言葉を呑み込むたびに後ろめたくて、モヤモヤとして苦しくなってきました。

だから、今は何でもすぐパスしちゃうことに！「この前、あの人がこんな話をしてくれたよ」「この間読んだ本に、こんないいことが書いてあったよ」「だから私はこう考えたんだよね～」と、その場その場で、風呂敷を広げて今自分が持っているすべてを公開しちゃう！　そうしてみるとね、不思議なことにパスしたボールを相手がもっとバージョンアップして投げ返してくれたり、パスした先からまた違う人に手渡されて、どんどん回って、私が想像もしなかった形に磨かれて返ってくるんです。そうか、自分が持っているものを見せるからこそ、それに似たモノ、関連するコトが集まってくるんだ！と納得。こうしてひとりだけで抱え込んでいた時よりも、ずっと多角的な視点が自然に生まれるんだよね～。

振り返ってみると、私が「誰かより先に知らなくちゃ！」と焦っていた頃は、自分に自信がなかったんだなあと思います。自信がないからこそ、自分を自分で格付けして、価値を上げておきたいって思っちゃうんだよね。そうやって自分で貼ったラベルなんて、たかが知れてるのにね。そのことにやっと気づきました。

それよりも、自分の小さな力を誰かのために使った方がずっといい。そうやってパスを回しているうちに、きっと「信頼」というものが育つのだと思います。だから、あなたも「そんなこと知ってるもん」と誰かと張り合う前に、その「知っていること」を誰のために、どう使おうかなと考えてみればどうかな？

張り合うって、疲れちゃうんだよね。「負けちゃダメ」と常に相手の出方をうかがって、自分と比べて一喜一憂する。そんなヤキモキって何も生み出さないんだから、そこにエネルギーを使っちゃもったいない！　だったら早めに負けちゃえば、せいせいすると思うよ。私もなるべく軽やかに、速やかに、きれいなパスが回せる人になりたいなあと思っています。

no.29

［20代の私］
「どうして私ばっかかり」とイライラして、
周りの人を巻き込むことが苦手。

誰かと一緒に何かをするなら、
GIVEの5乗を！

人付き合いって難しいよねえ。たとえば、誰かと一緒に仕事をしている時、「あの人、もうちょっと〝自分ごと〟として考えてくれればいいのに」「どうして、私ばっかりやらなくちゃいけないんだろう？」とイライラしたり、がっかりしたり。そんなことってありませんか？　さらには、文句ばかり言っている自分にも嫌気がさして、「私って、仲間で仕事をするのに向いていないんだ」と落ち込む……。

仕事がデキる女性が、「私の力だけではできないことが、チームだとできるんです」と生き生きと語っているのをよく耳にします。なんてスバラシイんだろう！と私も憧れました。なのに、現実はなかなかそうならないんだよね。人に何かをお願いするのが苦手で、私は私の力だけしか信用していないんじゃなかろうか？と悩んだり、もっと周りにいる人の「いいところ」を見つけなくちゃいけないんじゃないかと反省したり。

そんな時、経済評論家の勝間和代さんがこんなことを書いてらしてハッとしたんだよね。「リーダーシップの正体は、ＧＩＶＥの５乗である」。

つまり、グループ内でリーダーとして働くには、「ＧＩＶＥ×ＧＩＶＥ×ＧＩＶＥ×ＧＩＶＥ×ＧＩＶＥ」と、積極的に働き続けることが必要ということ。そうやって先頭に立って、誰かのために「与え続ける」姿を見せれば、周りもそのリーダーを支えようと、自然に動きだすのだとか。

あれ？　この時、私はやっと「もしかして、私が今まで人付き合いに求めていたことは、考え方が真逆だったのかも」って気づいたんだよ。

私は「どうしてやってくれないの？」「どうして気づいてくれないの？」と、「与えてもらう」ことばかりを考えていた。

でも、勝間さんは「ＧＩＶＥ」＝与えること、しかもそれが５乗分必要だとおっしゃる……。そっか！と目からウロコがポロポロとこぼれ落ちました。そして、そこに光が見えた気がしたんだよね。

「よし、私はチームの中で、いちばん働こう！」と決意した日のことを、今でも覚えています。面倒くさい細かいことも「私がやる！」と動く。気が重いことも「はいは～い、やっとくよ～」と引き受ける。すると、「どうしてやってくれないの？」というモヤモヤが、霧のように消えていきました。

ふっしぎ～！　人が「やってくれること」って、自分ではコントロールできません。なのに、なんとか自分の思い通りにならないかと期待するから、がっかりしたり、イライラしたりして、自分で自分を疲れさせていただけなんだよね。それよりも、できることを見つけて自分が動く方がずっと簡単！

「ＧＩＶＥの５乗」のその先に、どんな世界が広がるのか、私にはまだ見えていません。でも、相手を変えようとするのではなく、まず自分が変わってみるというトライで、とても清々しい気分になりました。

この定理は仕事だけでなく、家庭内や友達同士でも有効です。なんせ５乗だから、大変だよ！　誰かのために一度行動を起こしても、あと残りがまだまだあるんだから、気が抜けないよね。「次は何ができるだろう？」ってすぐに探し始めなくちゃ。

そんなループの中でふと、いつもの思考回路が逆流していることに気づきました。あんなに「あれもやってくれない」「これも気づいてくれない」と「してくれない」ことばかりを数えていたのに、「えっと、私にできることは……」と起点が「私」になっている。これってずいぶん大きな変化だよなあと思います。そして、「できること」を見つけて動けば、心までが明るくはればれと動きだす気がしています。

no.30

［20代の私］

自分のことだけで精いっぱいで、
人のために動く余裕がない。

「得にならないこと」をやってみると、
自分の想像を超えたことが始まるよ。

20代のあなたは、これから自分のキャリアがスタートするという時期で、「どうしたら、やりがいのある仕事ができるだろう？」とか、「どうしたら、ちゃんと稼いで食べていけるだろう？」とか、不安と期待が背中合わせで、無我夢中ですよね。とにかくできることは片っ端からやってみたい。そんな状態では自分のことだけで精いっぱい、周りを見る余裕なんてないよね。

私もずっとそうでした。何かを「やるか、やらないか」の判断は、「仕事の役に立つか、立たないか」オンリー。自分のコップが小さすぎて、すぐに溢《あふ》れ出してしまうので、仕事に直接関係ないことの前は目をつぶって通り過ぎ、寄り道、回り道するなんてとんでもない！と思っていたなあ。人に誘われたパーティでも、「有名なあの人が来るらしい」と聞けば「何かいい話が聞けるかも」と顔を出したけれど、ただみんなが集まるだけなら行かない。

なんて打算的な、なんて面白くない日々だったんだろうと今は思います。

若い頃は、人生すべてが自分のため。人のために何かをするって「いいこと」だとは頭で理解していても、実際に動くことなんてできなかったなあ。

あなたもきっと「自分がちゃんとしていないのに、人のことなんて……」と思っているでしょう？　気持ちの上では「誰かの役に立ちたい」と思っていても、原稿の締め切りの真っ最中だったら、「ちょっと忙しくて……」と逃げてしまう。自分のことだけで精いっぱいで、毎日アップアップだから、それは仕方がないのかもね。

でもね、私はごく最近、「直接仕事に役立たないこと」をやってみることにワクワクしているんです。きっかけは、コロナ禍の緊急事態宣言中に、自宅から初めてインスタライブをやってみたことでした。当時、取材でお世話になっている洋服のセレクトショップが、軒並みお店を閉じなくてはいけなくなりました。50歳以上の女性のためのおしゃれの本『大人になったら、着たい服』のイベントも、急遽《きゅうきょ》中止になって……。私は、ずっと店主のみなさんから、おしゃれのノウハウを教えてもらい、ショップにも通い、おしゃべりし、たくさんの時間を過ごしてきました。だから、私で役に立つことはないかな？と自然に思ったのでした。

そこで、自分で服を着て、インスタライブで着心地やコーディネートのしやすさなど、感じたことを説明するという「おうちでファッションショー」をやってみたんだよね。最初は「おしゃれの達人でもない私が洋服を着て、みんなが欲しいと思うかな？」とか、「和室の我が家で洋服を着て、ライブ配信するなんてヘンじゃないかな？」と思ったけれど、「こんな私でもできること」をとにかくやってみようと一生懸命でした。

すると……。びっくりするぐらいたくさんの人が観てくれて、セレクトショップのオンラインショップなどから買い物をしてくださいました。嬉しかったなあ。

この経験から、私はふたつの大事なことを知りました。ひとつ目が、結果が見えないことをやること。ふたつ目が自分が得にならないことをやること。恥ずかしながら、私はこれまで本当に自分のためにしか生きてこなかったんだよね。自分が作る雑誌が面白くなること、自分が書きたいことを書くこと、自分の本を出すこと……。そんなことばっかり考えてきた気がします。でも、そこを離れて「誰か」のために動いてみたら、ふつふつと心の底から湧き出るような嬉しさを味わったんだよね。

そして、あの恥ずかしさをかなぐり捨てて、必死にやってみたインスタライブを視聴された方が、「あれ、よかったねえ〜」「あんな伝え方ができたらいいね」と言ってくださいました。それは私にとっても、新しい「伝え方」の形を知るきっかけになりました。以来、新しい書籍が発売となった時などの記念イベントを、動画によって自分の言葉で、自分の居場所から発信するようになったんだよね。

あのね、私の周りには「自分の役に立たないこと」をやっている素敵な大人たちがいっぱいいるよ。東北の支援のために、「大人のフリマ」を開いたり、バッグを作って被災地支援に充てたり、子どもたちのために読み聞かせをしたり。

今すぐ役に立つことばかりに必死になっていると、「今」以上のことは起こりません。「役に立たないこと」って、そこから何が始まるかまったくわからない。だからこそ、自分の想像以上のことが起こるんだよね。自分の辞書にないことが始まるって、すごいことだと思わない？　そして「誰かが喜んでくれること」の中には、人の心を動かす秘密が潜んでいる。その秘密を知るだけで、その体験は宝物になるんだと思います。

あなたは今、自分のことで精いっぱいかもしれないけれど、ちょっと肩の力を抜いて「役に立たないこと」や「得にならないこと」をやってみて。私はこのことに、もっと若い時期に気づければよかったと悔やまれてなりません。世の中って、「役に立つこと」だけで回っているわけじゃない。「役に立たないこと」の中にあるパワーってすごい！と信じています。

no.31

［20代の私］

「これ、お願い」と

誰かに頼むことができない。

「やって」と言うのは、

「私にはできない」と降参できる

ということ。

私は人に「お願い！」と手渡すことが本当に苦手です。優等生体質だから、「自分にできることを人に頼むなんて、ダメなんじゃないか？」「まずは自分で努力してみてから、頼まないといけないんじゃないか？」「あの人も忙しいのに、迷惑なんじゃないか？」って、つい考えてしまう……。

仕事では、一緒に働いているスタッフに「私がこれをやるから、あなたはあれをやって」となかなか言えず、すべて自分で抱え込んでくたびれ果ててしまう。家では、仕事から帰ってきて夕飯の支度に取りかかる時に、テレビを見ている夫に「ねえ、手伝って」と言えない。「私がこんなに疲れているのに、どうして手伝ってくれないの？」と心の中ではふつふつと思っているのに「それぐらい察してよ！」と、言わなくても手伝ってくれることを期待し、そんなことは起こるはずもなく、がっかりする。「できない～」「やって～」

とかわいく甘えることが苦手なんだよねえ。

でもね、私はこの歳になって、どうして「お願い」と言えないのかがわかってきました。それは、無意識に自分が相手より「下」に降りたくないから。「お願い」と言うことは、自分が「できない」と認めることです。両手を上げて降参して「だから助けて」と頼むこと。そして、「やってもらう」ということは、相手に「借り」を作ることでもあります。こっそりプライドが高い私は、そんな自分が許せなかったのかもしれないなあ。

どうやったら、そんなプライドから抜け出せるのか……。それは、「お願い」って言ってみるしかないのだと思います。

私は、数年前から少しずつ仕事を後輩たちにお願いするようになりました。

インタビューの文字起こしだったり、雑誌に掲載する商品の許可取りだったり。以前まで「自分でやらなくちゃ」と思っていたことを、「やってくれる？」と手渡してみる。そうすると、ものすご〜くラクチンになってびっくり！　もちろん頼んでも、最初から完璧にやってくれるわけじゃありません。そんな時は「次は、もう少しこうやってくれたら嬉しいな」と「自分の欲しい形」をちゃんと伝えることが大事なんだよね。すると、相手のスキルがだんだん上がって、数か月後には完璧な形で手渡してくれて感動しました。

お願いする時のコツは「それが得意そうな人」に頼むこと。相手も楽しんでやってくれなくちゃ長続きしないからね。

夫には「ねえ、今日はコロッケだからキャベツの千切りやって〜」というふうに「具体的に」頼むのがいいとわかってきました。男性って「自分の役目」を理解すると、ちゃんとやってくれるんだよね。ずっと「察してよ！」

とイライラしてきたけれど、それより「これをやってほしい」ときちんと言葉にした方がずっと伝わりやすいんだよね。

「お願いする」ラクチンさを味わったら、きっと病みつきになるはず。また大変なことが起こったら、あたりを見渡して「これ、頼める人いないかなあ」とキョロキョロしたくなります。それは「私にはできない」と降参するラクチンさでもあります。

優等生体質の人って、今抱えていることすべてを、自分で完璧にやりこなしたいって思いがちなんだよね。でもさ、「これはできるけど、あれはできない」って言ったっていいんだよ！　そして「あれはできない」と言葉に出してみたら、きっとすごく自分がラクになるはず。

これって、人間はみんな不完全な存在なんだと認めることでもあると思うんだよね。私も不完全だし、あなたも不完全。だから私の欠けているところはあなたにお願いし、あなたの欠けているところは私がやる……。そうやって、みんなでハッピーになっていけばいい。私もこれから、たくさん「降参」したいと思っています。

no.32

［20代の私］
相手にとってマイナスになることを
なかなか言い出せない。

「悪いなあ」と思うことほど、
少しでも早く伝えた方がいい。

「悪くて、なかなか言い出せない」ってこと、あるよねぇ。「悪いなあ」「でも、それを伝えると気まずいなあ」。そうやって悶々とする時には、とっとと言ってしまう！というのが、いちばんいいことだと最近わかってきました。

たとえば、ずっとAさんに仕事をお願いしてきたけれど、リニューアルにあたって別のBさんに依頼することになった時。「ああ、違う人に仕事を頼むと伝えたら、あの人傷つくかなあ」と思ってしまいます。あるいは、友人が持っていたバッグが素敵で、どこで買ったのかを教えてもらったけれど、結局違うお店で違うバッグを買ってしまった時。「せっかく紹介してもらったのに、違うもの買ったなんて言いにくいなあ」と、言えないままずるずると時間がたってしまうこととか、あるよねえ。私も、言いにくいことを結局ウヤムヤに終わらせてしまったことが多々ありました。

ある時、ずっと一緒に本を作ってきた仲間が、私と違うライターさんと組んで本を出したと知ったんだよね。「まあ、そんなこともあるよね」と受け止めたけれど、なぜかモヤモヤする……。そして思ったのです。「早く言ってくれたらよかったのに」って。私が悲しいと感じた理由は、「ずっと『そのこと』を隠し続けられてきた」という事実でした。別に、他の人に頼んでもらったって全然構わないのです。「イチダさん、ちょっと違う人と一緒に仕事をしてみたら、新しい世界が開けるかもしれないから、次回は違うライターさんに頼んでみることにしました～！」って明るく言ってくれれば、大して傷つかなかったと思うなあ。

人がいちばんモヤモヤするのは、「事実」ではなく「無意識の悪意」なんだと、その時初めて知りました。「別の人に仕事を依頼する」ということは、変えようがない事実です。そう決まったなら仕方がない。まあ多少がっかりすることがあっても、「そっか」と消化できる気がします。でもその事実が「隠された」と思った時、人は相手の「悪意」を感じてしまうんじゃないかなあ。それが人を傷つけます。たぶん、その人は「悪意」なんて持っていなかったんだよね。ただ「ちょっと新しい人とやってみたい」と思っただけ。だったら、正直に事情を話せばいいだけ。誠実に本当のことを話してくれたら、またいつか一緒に仕事ができるんじゃないかな。それは、「ちゃんと本当のことを話した」という誠意によって、仕事は途切れても、人と人との関係は切れないからなんだと思います。

それでも相手にとって、決して喜ばしい状況でない変化を伝えるのは気が重いよねえ。だからこそ、「どうしよう」「言わなくちゃ」「でも言えない」

と行ったり来たりする前に、とっとと言ってしまうスピード感が大事になるんだと思います。正直になれば、きっとわかってもらえるはず。逆に素直な気持ちを真っすぐに伝えることで、その人の誠実さが感じられて「言いにくいことをよく言ってくれた」と、信頼度が増すんじゃないかと思います。

自分が「隠し事をされた」経験から、「言いにくいことほど、できるだけ早く伝える」ということが、逆に優しさにつながるとわかってきました。マイナスのことを伝えなくてはいけなかったとしても、相手を大切に思う気持ちを失わなければきっと大丈夫！　そう信じられる気がしています。

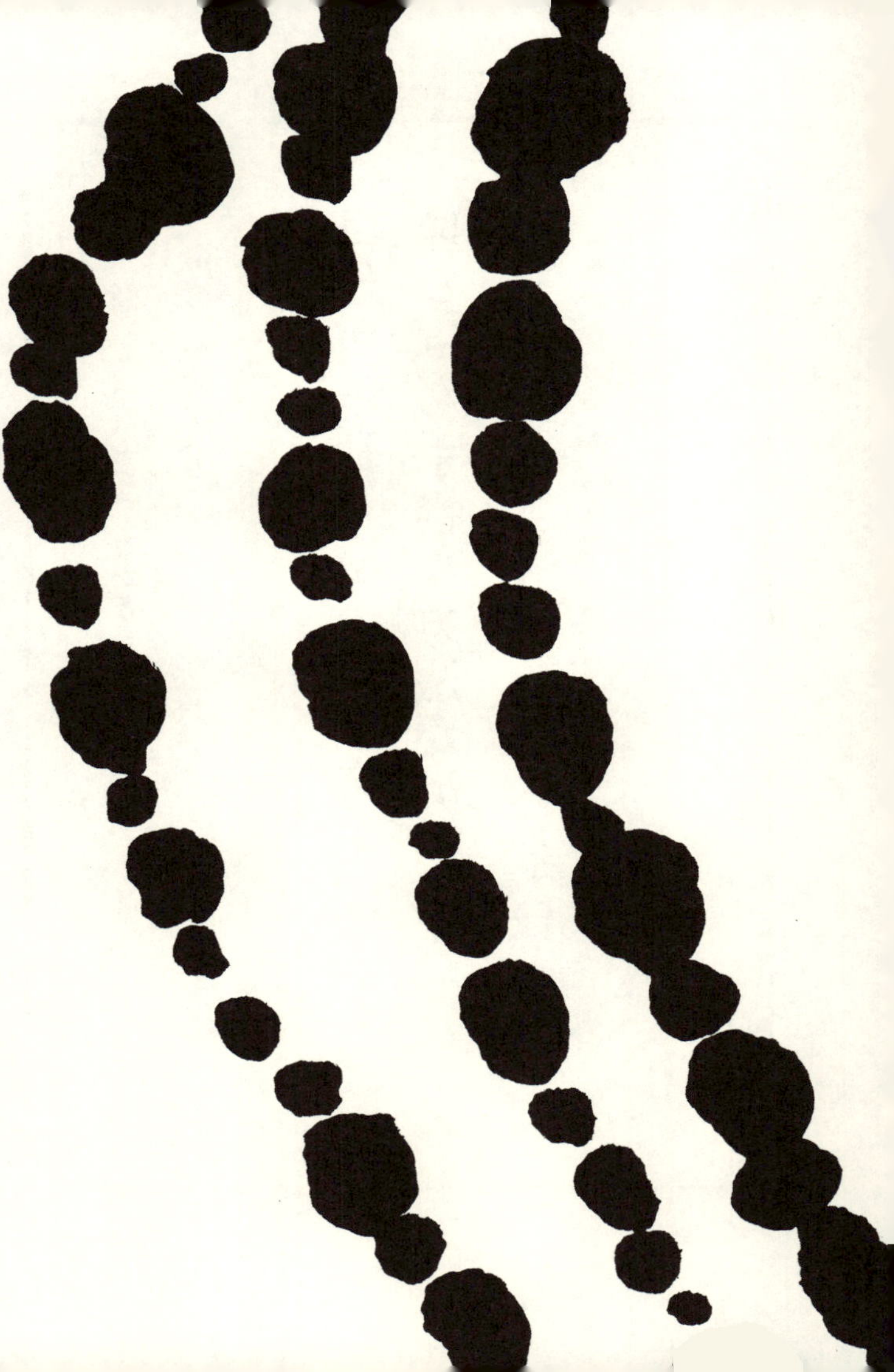

no.33

［20代の私］

誰かに「会いたい」って、なかなか言えない。

自分から動くって、未来を変える
いちばん手軽な方法なのかも。

私は、「ご飯を一緒に食べに行かない？」「あの展示会に一緒に行かない？」といったふうに誰かを誘うことが苦手です。「あの人と話してみたいなあ」と思っても、「向こうから誘ってくれればいいのになあ」と思いながら、月日が過ぎていく……。そんな繰り返しだったんだよね。

そんなある日、吉祥寺にあるカフェ「コロモチャヤ」の中臣美香さんからFacebookのメッセンジャーで連絡をもらいました。前の年に出産したばかりの美香さん。「お散歩でイチダさんちの近くまで行くから、もしお時間あったら、遊びに行かせていただいていいですか？」って。「どうぞ、どうぞ〜！」と返事を打ちながら、あれ〜？　美香さんってこんなキャラだったかな？と不思議に思いました。しっかり者だけど、自分から誰かに会いに行くというタイプではなく、どちらかといえば控えめ……。我が家のリビングで、お茶を飲みながら「珍しいねえ」と聞いてみると……。「今年の目標は、自分から行く！」なんだとか。

出産したばかりの時期、外にも出られず、部屋の中で赤ちゃんと2人きり。「自分の思い通り動けないってことが、こんなにもつらいことだと知りました」と教えてくれました。友達は、「何か手伝えることがあったら言ってね」と言ってくれるけれど、「手伝って、なんて言えないんですよね、私……」と美香さん。そんな時、ある友達が「今からベビーちゃんに会いに行っていい？」と、鍋いっぱいに作ったスープを持って、遊びに来てくれたそう。そんな体験を経て、美香さんは「何か手伝えることがあったら……」と言うよりも、自分ができることを見つけて手伝っちゃう！とスイッチを切り替えたんだって。

美香さんが知ったのは「自分から動く」ということの力。我が家に遊びに来てくれたのも、その延長線上だったというわけです。私も誰かが病気になったり、忙しそうだったりした時、「何かできることがあったら」とメールをしていたことを思い出しました。あれって、単なる挨拶に過ぎなかったのかも！と深く反省。

その後しばらくして、よく一緒に仕事をしている知人のコロナウイルス陽性が判明。軽症だったものの、自宅隔離の状態になりました。しかも１人暮らしなので、さぞかし心細いだろうなあと……。そこですぐに思い出したのが美香さんとのやりとりでした。「そうだ！　今すぐ動かなくちゃ！」と、レトルトのおかゆやスープ、果物、羊羹《ようかん》などを段ボール箱に詰めて送りました。「わあ、私にもできたじゃん！」とちょっと嬉しくなりました。美香さんに教えてもらったおかげです。

これを機に、もしかして自分から動けば、いろいろなことが変わるのかも？と考えるようになったんだよね。今まで出会った素敵な先輩たちに「もうちょっとお話、聞きたいんですけど」って言えたら、自分ひとりでは行けなかった場所に連れていってもらえたのかも。先輩だけじゃなく、年下でも、立場や職業が違う人でも、遠く離れた場所に暮らす人でも、これからピピッときたら会いに行ってみようか。ＩＴリテラシーをアップするためのノウハウを教えてもらうのもいいし、私が知らない今ちまたで流行っていることに耳を傾けるのもいいかも。そんな想像をすると、なんだかワクワクしてきました。もっと早く気づいて、行動すればよかったなあ。

でも、自分から行動するには、自分に「余白」がなくちゃできないよね。

若い頃、誰かに声をかけられなかったのは、怖がりで、いいかっこしいだったからと、もうひとつは、自分のことだけでアップアップだったからだろうなあ。誰かに声をかけてみるって「絶対にやらなくちゃいけないこと」じゃないでしょう？　それでも、自分の心と時間と手間を使う……。もしかしたら、そんなゆとりが、50歳を過ぎた今だからこそ、持てたのかもしれません。

50代というだんだん先輩が少なくなってくるお年頃ではあるけれど、何歳になっても、素敵な誰かに会ってドキドキしたい。そして、そこから先にある「つづき」の時間を、これから楽しんでみたい。「教えてください」って言えるか、言えないか。その小さな違いが、きっと世界を大きく変える。その風景を見てみたいなあと思っています。

no.34

［20代の私］
結婚って、好きな人と
一緒にいるためにするものと思ってた。

結婚して子どもを産む……。
そこには未来につながる時間軸が
あるんだよね。

結婚して子どもを産んで母になる。そんな誰もが通る当たり前の道を、私も歩むものだと思っていました。20代の頃のいちばんの願いは、早く結婚すること。女の子を産んでおそろいのワンピースを縫って一緒に散歩に出かけよう。本気でそう思っていたんだよね。まさか20代で元夫とリコンして、子どもを産むことのない人生になるなんて思いもしなかったよ。

若い頃の結婚の定義とは「大好きな人とずっと一緒に暮らす」ってことでした。当時、いちばん重要だったのは、そんな人を見つけることだったなあ。恋をして、ドキドキして、振り向いてもらって、やった〜！っていう感じ。その先に夫婦という関係を育てていくことや子どもを産むこと、母になることなんて、深く考えていませんでした。

だから、仕事が忙しくて、面白くて、自分で「稼ぐ」ということに必死だった30代に、もう一度結婚し、出産するということを考える余裕がちっともなかったんだよね。子どもを産んだら自分の仕事ができなくなる。そうしたら食べていけなくなる。そう考えていました。

今から考えれば、きっと両立はできただろうし、なんとかなったと思う。けれど、専業主婦だった母を見てきた私は、「子どもを産むなら、あんなふうに完璧にやらなくちゃ」と勝手に思い込んでいた気がします。

私の実家では、毎年1月2日に家族が集まって焼き肉を食べることになっています。妹夫婦と甥や姪たちが集まります。ひとしきりガヤガヤとおしゃべりし、12時近くになって解散。4つ年下の妹は、かつて実家で一緒に暮らしていたのに、今では自分の家庭を持ち、4人家族で自宅へ帰っていく……。そんな妹たちを駐車場まで送りながら、そうか、結婚ってこういうことだったのかと初めてわかった気がしたんだよね。

私は夫とふたり暮らしです。私と夫の会話には、50年後とか60年後の未来はつながっていません。でも、妹一家なら、やがて甥や姪が結婚し、子どもを産みと、まだまだ「先」が確かにある。家族の中にある時間軸の違いに唖《あ》然《ぜん》としちゃった。

子どもがいると、小学生、中学生……と自分が歩いてきた道を、もう一度追体験することができるんだねえ。姪っ子がまだ3歳ぐらいだった時、一緒に散歩に出かけると「あのねえ、あそこにお星様があるの」と言うので、いったい何のことだろう?と首をかしげていると、なんとマンホールの蓋に星が描かれていて、「あ〜、なるほど!」と感動したことがあります。小さな子の目線の低さを、改めて知ったんだよね。大人だけで暮らしていたら、決して見ることができなかった風景だなあと思いました。

今、妹と話をすると、その話題の豊富さに驚きます。人気のゲームのこと、K‐POPの推しのこと、便利なアプリ、最新のコスメ情報。違う世代の文化が家庭内にあることで、話題の幅って、こんなにも広がるものなんだね。最近、甥っ子の就職の相談に乗りました。初めて「社会」というものに向き合った時の自分の無力さや、「仕事って何？」という「わからなさ」に戸惑う彼と話をしていて、「ああ、私もそうだったよ～」と久しぶりにあの頃の心細さを思い出し、胸が熱くなりました。

時代によって変化はするけれど、人が成長していく過程はみんな同じ。家族って、私たちが生きているいちばんの土台なんだよね。当たり前すぎてなかなか意識しないけれど、歳を重ねて、「そうだったのか～」とその本当の意味がわかった時、長い年月の中でずっと繰り返されてきた人間の営みというものが、こんなにもスバラシイ！って感謝したくなると思います。

no.35

［20代の私］

ちっとも私のことをわかってくれない夫。
もしかしたらこの人じゃなかったのかも？と思う。

夫婦の関係って、
時間をかけて育てるもの。

「もう、こんなに忙しいのに全然手伝ってくれない！」「もうちょっと人のことまで想像を巡らせてくれればいいのに」。夫のダメなところをあれこれ数えてため息をつくことってない？　「この人じゃなかったら、どんな人生だっただろう？」と、ちらりと「別の人生」が頭をかすめちゃったりね。実は私もずいぶん長い間「もっといい人がどこかにいるんじゃなかろうか？」と思っていました。世の中には、ぴたりと気が合って、夫のことを尊敬し、うまくいっているご夫婦がいます。でも、「こんなはずじゃなかったんだけど」とため息をつく人だって多いんじゃないかなあ？

でもね、もうちょっとだけ我慢してみたら？　「人生の折り返し地点を過ぎたら、夫を見る目が少し変わるかもよ」と、あなたに伝えてあげたいと今思っています。最近の私たち夫婦は弾丸で温泉旅行に出かけたり、帰ってきて「やっぱり家のご飯がいちばんだよねえ」と言いながら、道の駅で買ってきた野菜を入れた鍋をつついたり……。ドキドキワクワクはしないけれど、そこそこしっぽりとした、いい関係になってきたなあと感じています。

数年前にホロスコープを見てもらったら、「ベストなパートナーですね」と言われて「え〜っ？」と驚きました。だって、その頃の私には、「もっと別にいい人が……」と邪悪な考えが渦巻いていたので。でも、このことをきっかけに、私の中で何かがくるりとひっくり返ったんだよね。「そっか、こんなに仕事ばかりしている私に文句ひとつも言わないもんね」「いつも、いちばん心配してくれるし」と、プラスのメガネにかけ替えてみたら、夫のいいところがたくさん見えてきて、自分でもびっくり！　若い頃は、自分が「やらなくちゃいけないこと」で手いっぱいで、知らず知らずのうちに「やってもらっていること」に気づかなかったんだなあと反省しました。

人生後半になって仕事の経験値が上がって、アップアップの状態から少し抜け出したり、子どもたちが巣立っていくと、やっと周りを見渡すゆとりが出てきます。そして、ようやく隣にいる人に気づく……。つまり、夫婦の関係が育っていたことを知ります。

いくらいい仕事をしても、引退したらそれはもう「過去」になるでしょう？　若い頃キラキラ輝いていたものがやがて色あせた時、いちばん確かな幸せは、隣にいる人と「これおいしいね～」と言い合えることなんじゃないかなあと、やっと気づいたこの頃。だから、相手に足りないことばかりを見ないで、じっくりゆっくり「夫婦」という関係を育てていくことも、なかなかいいものだって思うのです。

part 5

ココロとカラダは
やっぱり基本

no.36

［20代の私］
なんだか気分がどよ〜んと落ち込んで、
やる気が出ない日ってどうしようもない。

昨日とは掃除の仕方を変えてみる。
体を動かせば、心も動きだすよ！

同じように流れていく一日一日なのに、ある時はどよ〜んと心が曇って、ある時はいろんなことがビンビンと胸に響く。自分のコントロールの外にある「気分」の違いに戸惑うことってありませんか？　ああ、なんだか自分がシャキッとせずに、何にもやる気が起きない。そんな日もあるよねえ。いったいどうやってスイッチを切り替えたらいいんだろう？と、いつも考えます。

ある週末の朝。今日は少し時間があるから、洗濯機の横にマグネットでひっつけた洗濯ネット入れの中の掃除をしてみようか……と不意に思い立ちました。我が家では、洗濯ネットを3つのサイズに分けて、3つのボックスにしまっています。ふと見ると底にホコリがいっぱい！　こりゃいかんとネットをすべて出してからきれいに拭き取りました。そこからスイッチが入り、ついでに洗濯パンも汚くなっているからきれいにして、さらには洗面台の扉も拭き掃除。するとス～ッと心が澄んでいくのを感じたんだよね。あ～、久しぶりにキタキタ～！って思いました。心がぐんぐん澄んできたなあって。こうなると昨日まで「何にも書くことない～」って悩んでいたエッセイのアイデアも浮かんでくるから不思議！

心と体は連動しているなあって感じるよね。「掃除」という作業で体を動かして、「きれいになった」という成果を目で見てスッキリ感を体で味わうと、ブルンブルンと心のエンジンがかかる感じ。だから、あなたもなんだかやる気が出ない……という日には、とりあえず、どこか1か所をきれいにすることから始めてみるといいと思います。

心が動かなくなるって、日常に飽きてしまっているからじゃないかなあ。毎日同じことの繰り返しで、何のときめきもない……。そうなると、心が錆《さ》び付いてしまうのかも。私は取材で知ったいろんなことを、家に帰って真似してみるのが大好きです。「マキタ」のコードレスの掃除機を使い始めたのも、土鍋でご飯を炊くようになったのも、下着を寝室ではなく洗面所にしまうようになったのも、誰かの「真似」から始めたこと。今までと違うことを始めると、その前後の時間まで変わっていきます。「マキタ」の掃除機を使えば、それをひっかけておくフックを付けたくなって、アマゾンで検索してみる。土鍋でご飯を炊くようになったら、炊飯器を処分して、キッチンの風景が変わる。下着のしまい場所を変えたら、洗濯物を取り込んだあとの動線が変わる……といった具合。

日常にフレッシュな風を取り入れるために、このプロセスをうまく利用してみるといいんじゃないかと思うんだよね。

家事はルーティン化するものだから、無意識のうちに続けていることばかり。時には意図的に変化を起こして「考えなくちゃいけない」状態にすると、心が動きだすんじゃないかなあ。インスタで見かけた方法でもいいし、雑誌で知ったテクでもいい。自分の「いつも」をちょっと変えてみる……。そうやってたまに心を再起動させると、昨日は感じなかった何かを今日は感じられるようになるかもしれないでしょう？　そうやって自分で自分を生まれ変わらせることが、なんだか面白いなあと思うこの頃です。

no.37

［20代の私］
やらなくちゃいけないのに、集中できない。
そんな自分が情けない……。

集中力が切れるのは体のサイン。
逆らわない方がずっと効果的だよ！

やらなくちゃいけないのに、やりたくなくて、仕事がちっともはかどらない。頑張りたいのに頑張れない。そんな自分が情けなくて、「やる気」って、どうやってコントロールしたらいいんだろうって思いませんか？　ああ、イヤだなあ。やる気にならないなあと考えるのは、大抵が何かに取りかかる前なんだよね。実際に始めてしまえば、意外にサクサク進んだりします。ということは、スタートのハードルを下げることがポイントってことだよね。

私は朝、パソコンの前に座ると、まずは毎朝5時に配信される勝間和代さんのサポートメールをチェックします。その後、定点観測しているウェブマガジンに目を通してから、原稿に取りかかるんだよね。世界で起こっていることを知り、「なるほどなあ〜」と刺激をもらっているうちに、だんだん仕事モードになってくる感じ。

掃除なら、テレビをダラダラ見てコーヒーを飲んでいるうちは「今日はもうパスしようかなあ」という声に負けそうになります。そんな日は、「今日は掃除機だけにしよう」と割り切ることにしています。でも大抵の場合、窓を開けて風を通し、掃除機をかけ始めると、またブルンブルンとエンジンがかかり、「よっしゃ、拭き掃除までやっちゃおう！」と思うんだよね。まずは「ダラダラモード」の自分でもできるスタートプログラムを作っておくのがおすすめです。

何かをやり始めて、途中で疲れちゃったり、飽きてきたりするケースもあるよね。あなたはそれを自分の気力が足りないからって思っていませんか？私も原稿を書いていて、1時間ほどたつと、次第に集中できなくなってくることがしょっちゅう。そんな時は、逆らわない！と決めました。集中できない、飽きるって、体のサインだと思うんだよね。だったら、いったんやめちゃえばいい！「ああ、なんだか行き詰まった」と感じたら、パソコンを離れて、まったく違うことをやります。キッチンまで行って、出しっぱなしだった乾物を所定のかごにしまったり、リビングのソファの上に脱ぎっぱなしだった夫の服をたたんでみたり。そんないつやってもいい「雑用」をこなすうちに、気分がさっぱりして、「よっしゃ！」とまたフレッシュな気持ちで原稿に向かうことができるんだよね。

同じことをずっと続けなくちゃと思い込むよりも、途中で飽きたら、あっちへ行ったり、こっちへ行って帰ってきた方が、ずっと効率がアップするんだなあと、だんだんわかってきました。つまり、集中力って自分の意志ではコントロールできないってこと。いくら「集中するぞ」と決意しても、疲れたり、飽きたりする「気分」は、自然に湧き起こってくるもの。それは、きっと「休んだ方がいい」「切り上げた方がいい」っていうことだから、素直に従った方がいいってことなんだよね。

そして、もしどうしてもパワーがダウンしてしまったら、思い切って布団をかぶって寝ちゃうことをおすすめします。夜眠い時に書いた原稿がダメダメでも、朝起きがけの頭で取りかかると、あっという間にクオリティが高いものを書くことができます。その違いを実感した時、集中力に必要なものは睡眠だ！と確信したんだよね。

集中力がなくなるのは、自分の心がちゃんと機能するための「使える部分」が減少しているってことなんだと思います。いろんなことを考えたり、悩んだり、動いたりして、たくさんのものが詰まってしまっている状態。だから、あれこれたまったものを、いったん空っぽにしなくちゃいけない。そのためにいちばん有効なのが寝て、スイッチを切ること。ちゃんと掃除をして、すっきり空っぽになれば、また敏感に心が動くようになる……。それが集中力を取り戻すってことなんじゃないかなあ。だからね、やる気が出ないのは、決して自分が悪いわけじゃないよ。ちゃんと休んだり、上手に気分転換をして、無理して頑張らなくても、すいすい〜っとものごとが進む。そんなスキルを身につけたいものです。

no.38

［20代の私］
三日坊主で何をしても続かない……。
でも、こんな私はきっと変えられない。

「コツコツ」は必ず報われるよ。まずは自分の体で試してみたら？

コツコツと同じことを毎日続けるって、難しいよねえ～。特に若い頃は、すぐに結果が出ないと気がすまない！　でもね、私は歳を重ねるにつれだんだんと、コツコツやれば必ず何かが変わると、身をもって知るようになりました。

たとえば……。私は体がすご～く硬くて、長座をするだけで足がつりそうに！　前屈しても、床から20㎝手前ぐらいで「ウッ」とブロックがかかる始末。50代のはじめに取材でガラス作家の辻和美さんを取材させていただいた時、ヨガを始められたことを知り、「毎日やったら、絶対柔らかくなるよ！」と聞いて、重い腰を上げて習いに行ってみました。さらには、自分で毎朝15分ほど体を動かすように。１か月、２か月、半年……と月日がたつと、自然に長座して爪先に手が届くようになり、立って前屈すれば、手のひらがぺたりと床につくように。

へえ、この歳になっても体って変わるんだ！　コツコツ続ければ、必ず効果って出るんだ！ということを、私は私の体に教えてもらったんだよね。この成功体験は大きかったなあ。

その後、今度はパーソナルのトレーニングジムに通い始め、教えてもらったのが「猫背」を直す方法でした。「猫背筋」って、背中ではなく胸の少し上、腕の付け根にあるんだって。ここが硬いから、胸が開かず前屈みになって、背中が丸まってしまうというわけ。そこで、この猫背筋を柔らかくする体操をします。まずはあおむけに寝転がって体を左にひねります。次に左肩が床から浮かないようにしながら、右腕を逆側に開いていくと……。「アイタタタ」と痛いこと！　顔をしかめながら運動を続けたら、だんだん肩がつくように。そして、ふと気づくとあんなに姿勢が悪かったのに、背筋をシャンと伸ばしても疲れなくなりました。以前は肩こりがひどくて、ひと仕事終えたら鍼灸院に駆け込んでいたけれど、その必要もまったくなし。この三日坊主の私が、毎日体操を続けているなんて奇跡のよう！

さらに、最近トライしたのが「腸活」です。愛媛で料理教室を開きながら、発酵食品の素晴らしさを伝えるため「1day 1spoon」を主宰する村上友美さん。彼女に教えてもらったのが、「黒麹甘酒」でした。普通の白い甘酒と違い、黒麹で発酵させた甘酒は、クエン酸ができて甘酸っぱい味になるんだよね。これを毎日スプーン１杯いただきます。

最初は「え〜、スプーンたった１杯で何かが変わる？」と半信半疑だったワタクシ。でも、試しに寝る前に１杯飲んでみたら、翌朝からお腹がぐるぐる。そのあまりに早い効果に驚きました。まさに腸が活動を始めた感じ。お通じが抜群によくなりました。でも、それだけじゃなかったんだよ！　いつも冬になると足先や手先が凍えるほど冷たくなるのに、「あれ？　今年は冷たくない」と感じるように。朝風呂に入らないと目が覚めなかったのに、時間になるとパチッと目覚めるようになったんだよね。ある時、体温を測ってみると、いつもは35度台だったのに、36度4分が平均に。どうやら平熱が上がったよう。「体温が上がると、免疫力も上がるんですよ」と村上さんに教えてもらいました。

体が変わるには時間がかかります。でも、「コツコツ」を続ければ体は裏切らない！　これ、自分の体で一度実感すると病みつきになるよ。そして、私の体ってすごいなあと自分が愛おしくなります。

no.39

［20代の私］

仕事や家事でいっぱいいっぱいになって、

「休む」ことが下手。

家でおやつを作ってみれば？いつもと違う心のパーツが動きだすかも。

家で食べるおやつって、どうしていますか？　休みの日、3時頃になったらおいしい紅茶を淹《い》れて、お気に入りのお菓子を食べるって幸せだよね。夕飯後にもちょっと甘いものが欲しくなります。ただ、ロールケーキやパウンドケーキ、クッキーなどを買っておくと、私は「こらえ性」がないので、「あともうちょっと」とついつい食べすぎてしまうんだよね。さらに「小麦粉＋油」で作られたお菓子を食べると、てきめんに眠くなるのです。ちゃんとしたエビデンスがあるわけじゃない「私の体調べ」だけれど。

そこでよく食べるのが和菓子です。桜餅だったり、いちご大福だったり。和菓子の老舗の立派なものではなく、スーパーで買えるものでOK。日持ちのする羊羹《ようかん》は、必ず買い置きをしています。

いつもではないけれど、時々思い立って、小豆を煮ることもあります。

え〜！　そんな面倒な！と思うでしょう？　でも実はすご〜く簡単なんだよ。豆類って、水に浸けて戻すのが面倒だけど、小豆はその必要なし。鍋にそのまま入れて水を注ぎ、コトコトと1時間ほど煮るだけ。家中に小豆の匂いが広がって、それだけで幸せな気分になるよ。柔らかくなったら砂糖を加え、「おいしゅうなあれ」とつぶやきながら、木べらで時々混ぜながら煮るとツヤツヤしてきます。最後に塩ひとつまみを入れて味を調えたら出来上がり！

最近はミニサイズのお餅が売っているのでそれを買っておき、料理家のコウケンテツさんに教えてもらった方法で器に入れて水を注ぎ、レンジでチンします。すぐに柔らかくなるので、これに餡子《あんこ》をかけてぜんざいに。そのほか、アイスクリームに添えてもいいし、禁断の餡バタートーストでも。お弁当用の小分け容器で冷凍しておくと、長く食べ続けることができます。

もっと簡単に作れるのがプリン！　グラニュー糖30ｇを鍋に少し入れて火にかけると、ふつふつとしてきます。残りを加えて茶色くなるまで待って、最後に水を大さじ1ほど加えたらカラメルの完成。ここに卵3個、牛乳1カップ、砂糖50ｇを溶かして作った卵液を注いで、160℃に熱したオーブンで20分ほど焼きます。作業時間はたった15分ほど。出来上がりをお皿の上でせ〜のでひっくり返すワクワク感といったら！　まだ湯気の出る熱々プリンをハフハフ言いながら食べると、あ〜、作ってよかったなあ、幸せだなあ〜って毎回思います。

りんごをスライスしてお皿に並べ、バターをのせてグラニュー糖をふりかけて焼くのもおいしいし、「ストウブ」の18㎝の小さめオーバル鋳物鍋にクッキングペーパーを敷いてさつまいもを入れ、弱火にかけると、甘〜い焼きいもができます。

ただし、家でおやつを作る時、気をつけなくちゃいけないのが「量」です。我が家はふたり暮らしなので、たとえばパウンド型でバナナケーキ1本を焼いてしまうと多すぎます。だから、冷凍する小豆は別として、大体2回で食べ切る量で作ります。プリンだったら4個。りんごは1個、さつまいもは小ぶりサイズを1本。おいしくおやつを食べるためのポイントは家族の人数に合わせた「適量」なんだと思うなあ。

あなたはおやつ作りなんて、忙しい毎日では無理〜!って思うでしょう?でも、実はバタバタしている時ほどおすすめだよ。「あれをやらなくちゃ」「これもまだできていないし」といっぱいいっぱいになっている時に、たった15分キッチンに立つ。そして、小豆を仕込んだり、プリンをオーブンに入れてまた仕事に戻る。ついさっきまで頭しか使っていなかったのに、手を動かすだけで、心の別のパーツが動き出すんだよね。そのうち部屋中にいい香りが広がってきます。それだけで「まあ、いいか」って思えるんだよね。

家でのおやつ作りは、ひとつのことしか見えなくなっている私に、五感をツンツンと刺激しながら「ひと休みすれば?」と教えてくれる気がします。

no.40

［20代の私］
お腹ぽっこりをどうにかしたいのに、
なかなかうまくいかない。

激しい筋トレは必要なし！
ゆっくり動いて
自分の筋肉を育てるのがポイント。

正直に告白すると、私は20代の頃から10キロ太りました。ただ、体力勝負のフリーライターとして仕事を続けるには、この10キロは必要だったのかもと思います。若い頃は体力がなくて、貧血でよく倒れたなあ。フリーランスになると、私が取材に行かなければ代わりの人はいない……そんな状況になって、ほとんど風邪もひかず、ずいぶん丈夫になりました。「あの弱かったノリコがねえ」と母はびっくりしています。

それでも、ハッと気がつくとお腹や背中に肉がついてきたり、二重あごになったり。これはいかん！とあれこれ痩せる方法を模索しました。でも、30代の頃はジムでちょっとハードなトレーニングをすれば、するすると体重が落ちたのに、40歳を過ぎると代謝が落ちているのか、ちっとも痩せなくなっちゃったんだよね。

そんな時、たまたま出会ったパーソナルトレーナーに教えてもらったのが、ゆっくり体を動かすインナーマッスルの鍛え方です。初めてトレーニングジムに行った時、まず言われたのが「背筋を伸ばして立ってください」ということ。「えっ？　こんなことが関係あるの？」と思ったけれど、今ではその重要さがよくわかります。当時の私は筋力がなくて、真っすぐ立っているつもりなのに頭が肩よりも前に出て、肩が内側に入ってたんだよねぇ。

その後に教えてもらったのは、床に寝て、ゆっくりゆっくりと上体を起こす運動。たったこれだけなのに、なかなかつらいのです。ゆっくり動きながら、自分の腹筋で自分の体を支えるということが、こんなにもできないものなんだということを思い知りました。「ウッホウッホと筋トレする必要はないんです」とトレーナーさんに言われて納得！

そのほか、スクワットや股関節を柔らかくするストレッチなど、数種類を教えてもらい、毎朝ヨガマットを敷いて体を動かすようになりました。寝てゆっくり上体を起こすことを10回。寝たまま頭を少し上げ、片足ずつ抱えるのを10回、スクワットは30回などなど。「ウッホウッホ」やらないから、最初の頃は少しプルプルするけれど、それほど頑張らなくても大丈夫。ゆっくり無理なく続けることができました。

2〜3か月たつと、少しずつ効果が出てきました！　2キロほど痩せて、何よりぶよぶよだったお腹が締まってきた！　痩せるためには、まず自分の筋肉を作らないといけないということが、よくわかりました。

あのね、筋肉が育つと、自分に自信が持てるようになるよ！　これが、トレーニングを始めていちばんよかったなあと思うことです。私は胃下垂ということもあって、ご飯を食べた後など、下っ腹がぷっくり出るのがずっとコンプレックスでした。30代の頃、ぴったりとしたニットのワンピースを着ていたら「おめでたですか?」なんて言われちゃったこともあったなあ。だから、パンツを選ぶ時は、なるべくお腹回りのラインが出ないもの、タックが入ってふわりと体から離れるシルエットのものを選んでいました。でも、筋トレを始めてから、お腹がぺたんこになった! すると、パンツ選びに頭を悩ますことが減って、シャツをパンツにインすることもできるようになりました。

自分の筋力で自分を支えることができるようになり、以前よりずいぶん姿勢がよくなった気がします。かつては写真を見るたびに「ああ、姿勢が悪いなあ」とがっかり。トークイベントに登壇した後に、ヨガの先生から「イチダさん、せっかく背が高くてすらっとしているのに、姿勢が悪いのがもったいないねえ」と言われたことも。

どんなに姿勢よくしようと背筋を伸ばしても、ずっと意識し続けることはできないよね。ふっと気を抜いたらすぐ猫背になっちゃう……。つまり、「頑張って」だけではいい姿勢をキープできないってこと。筋肉を鍛えることで、無意識のうちでもちゃんと体を支えられるようにならなくちゃ。姿勢がよくなると血行も便通もよくなるし、何より同じ服を着ていても見た目がよくなるんだよ。ね、筋トレっていいことばかりでしょう？

でも、トレーニングには、「どこを」意識して体を動かしたらいいかなど、やっぱりプロの目が必要。いちばんのおしゃれは洋服ではなく、自分の体のラインを整えること……。そう考えれば、レッスン料も捻出できそうじゃない？　おばあさんになっても、シャキッと立っていられる女性になりたいなあと思っています。

special

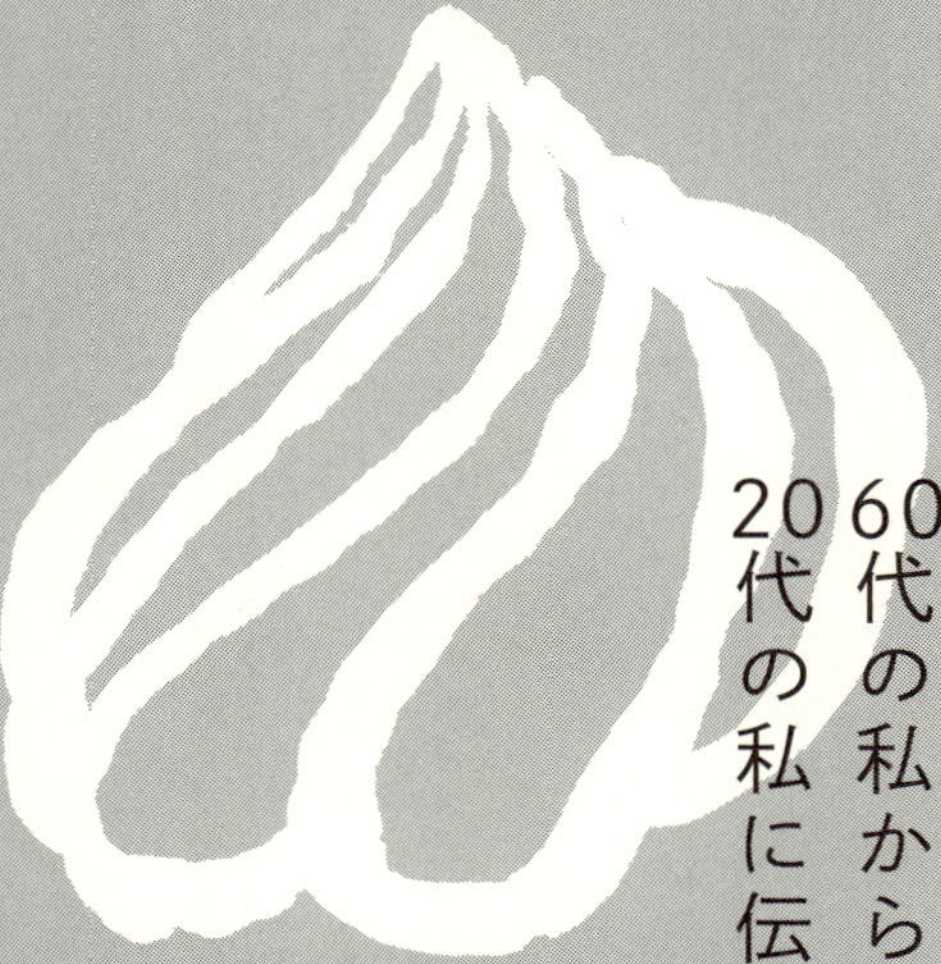

［文庫特典］

60代の私から
20代の私に伝えたいこと

成長しなくても、今がよければそれでいい。

この本を書いたとき、50代だった私は、2024年に60歳になりました。たった10年だけど、50代と60代の差は大きいなあと感じています。いちばんの違いは、残りの人生を数えるようになったこと。人生100年時代というけれど、元気に暮らせるのは、80歳ぐらいかなあ。だったら、あと20年しかない……。

若い頃は、未来は永遠に続くような気がしていたけれど、人生には必ず終わりがあるという当たり前のことを、リアルに感じるようになりました。

そして、あれ？　もう残り時間があまりない！　と考えたとき「ま、いいか」って思ったんだよねえ。え？「ま、いいか」でほんとにいいの？　と思わず自分にツッコミを入れたくなるほど、これは、自分でも意外な心境の変化でした。

私は、20代の頃からフリーライターとして仕事をしてきて、仕事を頑張ることが、何よりのモチベーションでした。もっといい文章を書いて、いい本を作って、いろんな人に出会って、世界を広げて、まだ見ぬ扉を開けてみたい。ずっとそうやって走り続けてきたんです。

でも、残りの時間が少ないなら、もうそろそろいいかって思ったんだよね。理想とか夢とか、まだ手にしていないものを求めて頑張るのはもういいかって。それは、もう昨日より今日、今日より明日って、成長し続けなくていい。私は今の私のままでいい、と人生で初めて思えた出来事だった気がします。

でもね、「成長」を手放すって、決して寂しいことではなく、なかなか楽しいんじゃないかなあと思うんだよね。むしろ、60歳でもう一度まっさらなものさしをプレゼントしてもらった気分。これまで「もっともっと」と頑張ってきたけれど、「もっと」をやめた時、私は何を嬉しいと感じるんだろう？　今のままの私で、ワクワクできることって何なのだろう？　それを見つけてみたいと思っています。

それは、もう評価を気にしないってことでもあります。もちろん、まだ仕事を辞める気はないし、まだまだ頑張ることもあるだろうし、そうしたらやっぱり褒めてほしい……。でも、今までのように、判断の基準を自分の外ばかりに求めるのは、そろそろおしまいにしたいって思うんだよね。この年齢になって、やっと自分のお腹の真ん中とストレートに繫《つな》がって、すべてのことを選んでみようと、思えるようになったのかもしれません。

残り時間がないからこそ「今」が大事。「いつか」のために準備する歩き方をやめて、今日は今日のために使う。今、楽しいことをやる。そう考えています。

たとえば、今まで器を選ぶなら、「この器を選ぶ私ってどう見られてるかな？」と考えたし、新しい本のテーマを考えるなら「これを書いたら、たくさん売れるかな？」と考えました。そんなジャッジをそろそろ卒業して、「私が好き」な器でいいし、「私が書きたい」テーマでいい……。

でも、ずっと長い間、あまりに外の評価を気にして生きてきたせいか、「じゃあ、私が本当にやりたいことって何？」と自分に問うてみると、「あれ？」とわからなくなっちゃうんだよね。私って、いったい何が好きなんだろう？ 人の目を気にせずにやってみたいことって何だろう？って。

還暦には、一周回ってゼロに戻るっていう意味があるそうです。だったら今までの経験をいったんリセットし、頭と心を空っぽにして、もう一度新しい「ものさし」で身のまわりにあるすべてのことを計り直してみたいなあと思っています。そこから見えてくるものって一体何だろう？って、今はワクワクしているんだよね。

測定大作戦をスタートさせる中で、いちばん最初にわかってきたことがあります。それが「みんな」に「いい」って言われなくてもいいってことです。何かを頑張ったなら、「1人」より「10人」に、「100人」より、「1000人」にと、より多くの「みんな」に、より広く伝わらなくちゃ、やった意味がない、と思いがちだよね？　私は今まで、「1」頑張ったのに、結果が「2」や「3」だったら、ちょっとがっかりしていたのです。

2024年に『父のコートと母の杖』という本を出版しました。老いていく両親のことを綴り「老いる」って何？と考えた1冊です。そのトークイベントを広島と大阪の書店で開催した時のこと。読者の方とお話しをする機会がありました。みなさん、状況は違うけれど、両親の老いていく姿に恐れ、不安を抱き、だからこそ自分にかけてくれた愛情の深さを感じていると話してくれました。

世の中には、いろんな人が、いろんな場所で、親や家族とそれぞれの暮しを営んでいるんだなあと改めて感じた1日でした。そして、みなさんの生活のなかに、私の本を広げる時間をもっていただいたことが、ものすごく嬉しかったんだよね〜。

そっか、たったひとりでもいいんだ……。そう思いました。たったひとりでも、私が綴った一文でちょっと元気になってくれれば満足！

かつて、大河ドラマで福山雅治さん主演の『龍馬伝』を見ていて、号泣したシーンがありました。幕末の長崎で、馴染みの芸者がキリシタンということがばれた時、龍馬は町中を走り回り、彼女を船に乗せて逃す手配をします。これから日本を変える大仕事をしようとしているのに、たったひとりのために命をかける……。ああ龍馬は、この「たったひとり」を大切にしたからこそ、日本の将来を見据えることができたんだなあと思ったんだよね。

東京吉祥寺で、たったひとりの出版社「夏葉社」を営む島田潤一郎さんが新しい本を作る時、その初版はいつも2500冊なのだそうです。それは、普通の半分か1／3ほどの冊数。でも「2500人に確実に届くことが大切」と島田さん。そんな「夏葉社」の本は、重版を重ね、細く長く売れ続けています。

小さく確実に……。そんな視点には手触りがあるよね。仕事だけでなく、いつものスーパーで出会うレジのお姉さんに「ありがとう！」と言ってみたり、仕事仲間が熱を出したら、大根の煮物を届けてみたり。どこかの誰かという姿が見えない人のために頑張るよりも、今日隣にいる人が喜んでくれるよう、日々ちょっと優しくなれたらいいなあ。

どこかにあるかもしれないビッグな幸せより、知り合いのあの人が喜んでくれることを……。そんな確かさをこれからは大事にしたいと思っています。

違いがあるから人と人は足し算できる。

ふと気づくと、一緒に仕事をしている人は、みんな年下になってきました。ついこの前まで、み〜んな年上で、私ひとりひよっこで、何にもできない、という状態だったのにね。

このところ、新たな編集者の方と仕事をする機会が続いたんだよね。実は、編集者とライターは微妙な関係なのです。出版社の社員である編集担当は、会社を背負って仕事をします。一方フリーランスの私たちは、会社からのオファーがあって初めて仕事ができます。つまり、私たちは「仕事をいただく身」。でも、仕事を続けてきた年数や経験は、フリーランスのほうが多い、ということがたびたび起こります。

初めて仕事をする時には、相手がどんな人かもわからないし、仕事の進め方も少しずつ違うし、時にはすれ違ったり、ぶつかったりします。それは当然のこと、とわかってはいるのだけれど……。

自分が今までと同じやり方で仕事をすすめているのに、「それはちょっと違うので、こう修正してください」と若い編集者さんに言われると思わずカチンとくる！　つい「以前はこういうやり方で、こうしたんですけどね」というう意地悪なメールを送っている自分がいました。

そんな「ブラックいちだ」が出現するたびに、自分でも驚き、とまどい、反省し、「私ってなんて心が狭いんだろう」と落ち込みました。私は、知らず知らずのうちに、「この仕事ではキャリアが長い私の方が上」というマウントをとり「上」と「下」の関係を作り上げ、それを確認していたというわけです。ああ、いかんなあ～。

会社員で、自分より年下の人が上司になる、というケースにモヤモヤする人が多いと聞くけれど、どんな人の心にも「自分がこれまでコツコツと積み重ねてきたこと」をきちんと認められたい、尊敬してもらいたい、という思いがあるんじゃないかなあ～。

でも、そんな上下関係に固執していると、新しい風を入れることができず、ずっと同じ場所に留まってしまうんだよね。キャリアの長い年齢やキャリアそのものは、素直になることを邪魔してしまうのかも。もっと素直に「そうだよね～」「そっか、そんなやり方もあるよね～」と一歩引いて、相手の言葉に従うことができたら、どんなにいいだろう。

自分がイヤな奴になったようで、しばらく落ち込みました。

仕事でも、暮らしでも、人間関係でも、「違う」ってすごく大事なことだなあとやっと最近思うようになりました。若い頃って、人と違うって、なんだか怖いと思っていたんだよね。誰かと意見が食い違ったら心がざわざわする。でも、あの人と同じだったら安心するって……。

整理収納アドバイザーで、「ＯＵＲＨＯＭＥ」を主宰するＥｍｉさんが、Ｖｏｉｃｙでこんなことを語っていらっしゃいました。「これ、いけるやん」「これ、あの時と同じやん」「だから大丈夫」と思った時ほど要注意って。自分の引き出しの中にあるすでに「持ってるもの」を出してきて、ラクラクとできてしまうことって、以前と同じことしかできないし、「それ以上」にいいものはできない……。むしろ、経験がなかったり、不安だったり、これまでと違うことは、新たなものを生み出すチャンスだって。

これを私の場合に当てはめて考えてみると、若い編集者さんが「これ、ちょっと違うと思います」と新たな視点を提案してくれた時は、新たな扉を開けるチャンスなのかも。素直な心でその声を聞けたらいいなあ。

先日、ある女優さんを取材する機会がありました。若い頃は自己肯定感が低かったという彼女。「私なんて……」とつい自分を卑下してしまう心の癖をなんとかしたくて、始めたのが「感謝帳をつける」という習慣だったのだとか。ノートに「天気がよかった」とか「電車に間に合った」とか、「あの人にいいアドバイスをもらった」とか、小さなことでも何でもいいので、「感謝すること」を書き出していくのだとか。すると、「なんだか今日もいい日だったなあ」と1日を終えることができるようになったそう。そして、感謝することを無意識に探す習慣が身についたんだって。

なるほど～！って思ったんだよね。だから私も、ノートまでは作らなくても、いろんなことを「感謝フィルター」を通して見てみよう！と思ったんだよ。これがね、想像以上に効果があってびっくり！　誰かが待ち合わせに遅れてきたとしても、「ああ、ひとりでお茶を飲む時間ができて感謝！」と思える。誰かにダメ出しされたとしても「自分とは違う思考回路を学べたなあ」と感謝できる……といった具合。

この方法だったら、私は若い仕事仲間ともうまくやれるかもしれないなあと思いました。私は、自分より、より上に行こうとする人を、つい引き摺り下ろしたくなっていたんだよね。ああ、なんてこった！　でも、よ～く考えたら、そこで競争する必要なんて、ひとつもないんだよね。そのことがまったくわかっていなかったなあと思います。

人は誰かと争うと、互いのいいところをけなし合ったり、「私の方ができるもん」と相手の長所を認めず、なかったことにしたり……とマイナスの付き合い方しかできません。でも、互いに感謝し合うことができたなら、「あの人のここがすごい」「これは、これが得意な彼女にやってもらおう」と、ひとりひとりの強みを互いに交換し合い、プラスの付き合いができるようになると思うんだよね。

エラくならなくたっていい。誰かの上に立つことなんてそんなに価値があることじゃない。やっとそのことに気づき始めたのがこの年齢だったなんて。まさにもっと早く言ってよ～！だよね。

ずいぶん遅くなってしまったけれど、これから感謝の練習をしてみたいと思います。

おわりに

「もっと早く言ってよ〜」とつぶやきながらも、20代の私に50代の今やっとわかったことを伝えても、きっと「ああ、そうか！」とは納得しないんじゃないかと思います。20代の頃の悩みや不安や自信のなさは、きっとあの頃の私に必要なものだったと思うから。不安だったから、手当たり次第いろんなことにチャレンジしたし、自信がないから、乾いたスポンジのように、誰かが語っていることをぐいぐい吸収したんだろうなあ。

そのただ中にいれば、「つらいなあ」「早くこの状況から抜け出してラクにならないかなあ」と思うけれど、過ぎ去ってみれば、ヒリヒリとした心細さを抱えながら生きていたあの頃の自分を愛おしいと思うのです。

もしかしたら私たちは「わからないこと」があるから、生きることがワクワクして楽しいのかもしれません。50代の私は、これから60歳、70歳になって体力が落ち、「できること」がだんだん少なくなっていく中で、どうすればハッピーにご機嫌に過ごせるのだろう?と考えています。でも、答えはさっぱりわかりません。ただ、ひとつだけわかっているのは、答え探しの日々の中で、「へ〜!」「ほ〜!」と新しい真実を発見することがきっと何よりの明日を楽しむ力になるということ。

「もっと早く言ってよ〜」というつぶやきは決して残念な思いではなく、「そっか、そういうことか!」という、人生を更新する際のお知らせワードなのだと思います。

歳を重ねながら私たちは、いつからでも何度でも人生を再定義し直すことができる……。そのたびに目の前に広がる新しい世界が楽しみです。

2022年5月

一田憲子

文庫版おわりに

私が文章を書く時や、人に話をする時に気をつけていることがあります。それが、上から目線にならないこと。それは、根底に「すぐ威張りたくなっちゃう自分」がいることを知っているから。

「私ってエラいでしょ」「だから褒めてね」とすぐ思ってしまう……。だから、ずっと気をつけてきたのでした。歳下の方たちに何かを伝える時も、先生風に「○○した方がいいと思うよ」とアドバイス口調になることが苦手でした。「そんなことを言う私って、いったい何様？」と思ったから。

でも、60歳を過ぎて、それってもしかして、ただの自意識過剰？と感じるようになったのでした。困っている人がいて、私で役に立つなら、じゃんじゃんアドバイスすればいいんじゃない？　受け取るかどうかは相手に委ね、差し出せるものは、どんどんパスすればいいだけじゃない？

ただし、気になるのは、そのパスが果たして正しいかどうか。

でも……。人と意見が違うからこそ、１＋１が、２、３、４と増えていきます。自分の引き出しにないことだからこそ、誰かの言葉が新しい世界の扉を開けてくれることがあります。だったら、万人にとって「正しい」ことでなくても、まずは「私はこう思う」と言っちゃっていいんじゃないかと思うようになりました。

これから私は「おせっかいおばさん」になろうと思います。私の経験が誰もの役に立つわけではないかもしれないけれど、誰かの心をちょっとほっとさせることができたらいいなあ。そして、年上の先輩から後輩へ。さらには若い人から年配の人へ。いろんな人が、何かが「わかる」ようになるまでのプロセスを互いに交換できる世界になるといいなあと思っています。

2025年2月

一田憲子

装丁

塙 美奈
[ME & MIRACO]

–

イラスト

コーチはじめ

–

校正

くすのき舎

–

DTP制作

ビュロー平林

本書は2022年6月に発売された
『もっと早く言ってよ。50代の私から20代の私に伝えたいこと』
に加筆修正し、文庫化したものです。

一田憲子（いちだのりこ）

文筆家。ＯＬを経て編集プロダクションに転職後フリーライターとして女性誌、単行本の執筆などを手がける。企画から編集、執筆までを手がける『暮らしのおへそ』『大人になったら、着たい服』（ともに主婦と生活社）を立ち上げ、取材やイベントなどで、全国を飛び回る日々。『父のコートと母の杖』（主婦と生活社）、『小さなエンジンで暮らしてみたら』（大和書房）ほか著書多数。暮らしのヒント、生きる知恵を綴るサイト「外の音、内の香」主宰。

もっと早く言ってよ。
50代の私から20代の私に伝えたいこと

発行日　2025年3月15日　初版第1刷発行

著　者　一田憲子
発行者　秋尾弘史
発行所　株式会社 扶桑社
〒105-8070　東京都港区海岸1-2-20汐留ビルディング
電話　03-5843-8842（編集）03-5843-8143（メールセンター）
www.fusosha.co.jp

印刷・製本 中央精版印刷株式会社

ISBN978-4-594-10000-1